KB260150

나는
뛰는 회사원
나는
회사 위에

뛰는 회사 위에 나는 회사원

초판 1쇄 2013년 03월 04일

지은이 윤정근
발행인 김재홍
기획편집 이은주, 이현주
디자인 권다원
마케팅 이연실

발행처 도서출판 지식공감
등록번호 제396-2012-000018호
주소 경기도 고양시 일산동구 견달산로225번길 112
전화 031-901-9300
팩스 031-902-0089
홈페이지 www.bookdaum.com

가격 13,000원
ISBN 978-89-97955-47-3 03320

ⓒ 윤정근, 2013, Printed in Korea.

- 이 책은 저작권법에 따라 보호받는 저작물이므로 무단전재와 무단복제를 금지하며, 이 책 내용의 전부 또는 일부를 이용하려면 반드시 저작권자와 도서출판 지식공감의 서면 동의를 받아야 합니다.
- 파본이나 잘못된 책은 구입처에서 교환해 드립니다.
- '지식공감 지식기부실천' 도서출판 지식공감은 창립일로부터 모든 발행 도서의 2%를 '지식기부실천'으로 조성하여 전국 중·고등학교 도서관에 기부를 실천합니다. 도서출판 지식공감의 모든 발행 도서는 2%의 기부실천을 계속할 것입니다.

Businessman

뛰는 회사 위에 나는 회사원

| 윤정근 지음 |

Businessman of Survival

독한 세상, 똑똑한 회사원으로 살아남기

Survival

지식공감 도서출판

회사에서 청춘이 되라

몇 주째 계속 야근을 했다. 그래서 이번 주말 만큼은 가족과 함께 보내겠다고 다짐을 하면서 금요일 퇴근 시간만을 목이 빠져라 기다렸다. 그런데 임원 회의를 마치고 돌아온 팀장님의 얼굴이 험악해 보였다. 불안감에 소름이 끼쳐왔다. 결국 팀장님은 팀원들에게 거룩한 말투로 주말에 출근을 하라고 지시했다. 월요일 아침까지 보고서를 다시 올려야 한다는 것이다. 억장이 무너지면서 갑자기 가족들 얼굴이 스쳐 지나갔다. 모처럼 가족과 함께 주말에 놀이동산에 가기로 했는데 말이다. 이번에 팀장님은 임원 승진에 목숨을 걸었기 때문에 우리는 희생을 해 주어야 한다. 그것이 우리의 비전이고 사명이기 때문이다.

이런 일들을 경험하게 되면 다양한 사람들의 반응이 나오게 된다. 젊은 사람들은 회사를 그만두고 다른 곳을 알아본다는 생각이 지배적일 것이며 과장 정도 되면 당연하니깐 받아들일 것이다. 하지만 이런 일들로 거부감을 표현하고 회사를 그만둔다면 당신은 회사에서 크게 성장하기는 어려울 것이다. 회사에서 임원이 되는 사람 대다수가 자신의 삶을 회사에 바친 사람들이다. 이쯤에서 우리는 왜 회사에서 자꾸만 행복이 멀어지는 것인지 생각해 보아야 한다.

이 책은 화려한 직장 생활의 성공을 위해서 쓰지는 않았다. 소소한 행복을 추구하는 평범한 직장인들이 그동안 앞만 보고 달려왔던 회사를 다르게 생각하고 과장되지 않은 자신을 보면서 행복을 되찾았으면 하는 바람에서 집필을 결심했다.

우리는 늘 화려한 경력과 이력만 가지고 자신의 능력에 대해서 평가받기를 원한다. 하지만 그런 겉으로 표현된 것들은 던져 버리고 진정으로 자신이 할 수 있는 역량에 대해서 설명할 수 있는 능력이 되어야 한다. 남들 따라 하는 스펙에 관심을 올리는 행위보다 자신이 할 수 있는 것들에 대한 깊이 있는 역량을 발전시켜야 한다.

지금 당장 밖에 나가서 자신의 경력을 토대로 돈을 벌어올 수 있는지를 생각해 보라. 적어도 지금 회사를 벗어나면 살벌하고 냉혹한 모습들로부터 벗어나기 힘들 것이다. 아마도 사기나 당하지 않으면 다행일 것이다. 사실 온실 속에 화초 같은 직장 생활을 해 온 사람들이 너무도 많다. 회사 업무는 철저하고 빈틈없는 사람들도 회사 밖에서는 누구도 인정하지 않는다. 회계지식이 박식하다고 장사를 잘하는 것도 아니다. 직장 생활에서는 자신의 무기를 만들어 내는 실행력이 그만큼 중요하다는 것이다.

때론 거친 직장 생활로 승부를 걸어라. 잘하려는 직장 생활도 중요하지만 손이 타지 않은 직장 생활에서 거칠게 자신의 길을 개척해 나가면 자신감이 배가 된다.

　요즘 젊은 직장인들은 안정된 직장의 모습을 꿈꾸지 말고 자신이 경험할 수 있는 최대한의 경험을 회사 내에서 해 보기를 권하고 싶다. 자리에만 있지 말고 하나라도 현장에 나가서 물건을 만들거나 팔아 보는 것이 더 소중한 경험이 된다.

　나는 입사 4년차에 중국으로 발령을 받았다. 중국에서 생존을 위한 치열한 경쟁을 펼쳤다. 성과를 내지 못하면 끝이라는 생각에 잠도 거의 자지 못하고 하루 종일 일로 시간을 보냈다. 그것은 야근하는 것에 실망을 하거나 주말에 회사에 나오는 것이나 팀장의 냉소적인 태도들 따위의 문제들이 아니었다. 그것은 생존의 문제였고 살아남는 문제였기 때문이다. 지금 고통 받는 일들 때문에 당신이 하는 선택이 과연 최선의 선택인지 생각해 보라. 혹시 피하기 위해서 당신 스스로 위안이 되는 선택을 하는 것은 아닌지 살펴보기 바란다. 중요한 것은 지금의 고통보다 수십 배는 더 큰 고통을 경험하고 극복하는 사람들이 우리 주위에는 너무도 많다는 것이다.

　젊은 나이에는 성과보다 직장 생활에서의 경험이 더 중요하다. 그런 경험들이 쌓이게 되면 어떤 위기가 다가와도 꿋꿋하게 버틸 수 있는 힘이 된다. 그리고 리더가 되었을 때 실행력이 강한 리더가 되어 따르고 싶은 부하 직원들이 만들어진다.

　회사를 다닌다면 부하 직원들에게 일하는 가치를 선물할 수 있는 멋진 리더가 되어 보는 꿈을 꿔보라. 그러면 분명히 자신이 지금 하는 일의 태도와 역할이 달라질 것이다. 아무런 도움도 안 되는 회사 안에서의 평론, 헐뜯기, 비방, 후회 등이 사라질 것이다. 남을 비방하거나 험담하는 사람들 역시 누군가의 리더가 된다면 태도가 달라진다. 그러기 위해서는 누군가에게 배워야 하고 그 배움을 통해서 이끌리는 경험을 해 봐야 한다. 권력과 자만심은 한순간이라는 사실을 깨닫지 못하면 누구도 성장하지 못한다.

훌륭한 리더는 작은 행복을 추구하고 그 살아 있는 눈빛에서 강한 이끌림을 받게 된다. 그동안 우리는 그 매력이 어떻게 만들어지는지 이야기 하지 못했다. 행복은 직장에서 열심히 일하고 끝까지 독한 마음을 품고 살아야 한다는 진리가 존재했기 때문이다.

삶은 균형이 있어야 후회를 안 한다. 한쪽의 치우침은 단기간에 성과를 가져올 수도 있지만 장기적으로는 포기된 것들로 인해서 아픔이 찾아오게 된다. 잃은 것들에 대한 후회가 밀려오게 되면 그 무엇으로도 위로가 되지 못한다. 그래서 미처 생각하지 못하는 자신의 반대편에 대해서도 생각을 해야 한다.

회사원은 청춘의 마음처럼 항상 열정이 넘쳐야 한다. 그래야만 무엇이든지 도전하고 학습을 하게 된다. 긍정의 힘은 내가 알지 못했던 것들을 느끼게 될 때 나타난다.

더 큰 세상을 볼 수 있다는 것은 지금보다 더 많이 돌아다니고 움직여야만 가능하다. 당신은 나이를 먹었더라도 항상 회사에서는 청춘이 되기를 바란다. 그것이 정답이다. 그런 마음이 나오기 위해서는 어떤 것들이 필요한지 이 책을 통해서 느껴보기를 바란다. 당신이 점점 더 치열해지는 회사 생활 속에서 가야 될 방향을 정하고 지친 마음을 치료하는 기회를 얻었으면 한다.

나는
뛰는 회사원
회사 위에
나는 회사원

01

당신이 믿는 회사,
영원한 것은 없다

진짜 회사원이 되는 순간

서른 중반부터
진짜 회사원이다

회사라는 곳은 내가 선택해서 입사했더라도 나갈 때는 자신의 의지대로 나갈 수 있는 곳이 아니다. 회사에 다니면 다닐수록 자신의 의지를 나약하게 만드는 기득권들을 쉽게 내려놓기가 어려워진다. 내려놓고 포기한다는 것은 그만큼 가능성이 없다는 판단이 들기 때문에 벌어지는 결심이다. 희망이 있고 비전이 있는데 포기하는 경우는 없다. 어리석은 직장인은 지금의 문제점만 보고 판단하지만 현명한 직장인은 미래의 희망과 비전을 보고 자신의 위치를 결정한다.

최소한 30대 중반이 되면 회사 생활에 승부를 걸겠다는 다짐이 있어야 한다. 그런 결정 없이 무조건 회사만 다니는 것은 자신에게 도움이 되지 못한다. 회사가 주는 달콤한 사탕을 계속해서 먹게 되면 어느새 자신은 아무것도 할 수 없는 처지가 된다.

회사에서 가장 힘든 사람들은 이것도 아니고 저것도 아닌 사람들이다. 회사 생활 자체가 재미가 없고 지루하고 자신에게 맞지 않다는 것을 느끼지만 어떻게 하지 못해서 계속 다니는 사람들이다. 그런 생각으로 회사를 다니는데 하루가 얼마나 지루하겠는가?

반면에 30대 중반쯤 회사에 승부를 걸겠다고 다짐을 한 사람들은 승진에 목숨을 걸고 매일 야근을 자청하며 독종 직장인으로 남게 된다. 이런 사람들은 회사에서 독종이 된다.

만약에 회사에 뜻이 없고 다른 무엇인가를 준비하기 위해서 다니는 사람들은 회사에 목숨을 걸지 않는다. 이런 사람들은 어느 정도 시기가 되면 조직에서 이탈하게 된다. 그런데 이런 속마음을 구별하는 방법은 30대 중반이 되면 보이게 된다. 30대 중반이 되면 어느 정도 자신의 목표에 의해서 회사 생활이 달라지곤 한다.

중요한 것은 회사에 다닌다는 목표를 30대 중반에는 결정을 해야 하며 그 결정에 맞게 회사 생활을 하겠다고 다짐하면 그냥 다녀서는 안 된다는 것이다. 회사 생활도 전략이 필요하다.

회사 생활의 핵심 포인트를 잘 간파해야만 회사에서 오랫동안 자신의 목표를 달성하면서 안정된 생활을 할 수가 있다. 과장이 되면 본격적으로 회사에서 적들이 나타나기 시작하며, 과거에는 보이지 않았던 자신을 비난하는 사람들이 보이기 시작할 것이다. 때로는 막중한 책임감들이 쏟아져 나올 것이다. 그것들이 보이기 시작하면 본격적으로 회사에서 경쟁이 시작되는 것이다. 이때 싸움에서 지게 되면 회사에서 버티다가 40대 중후반에 그야말로 명예퇴직을 하게 된다. 이 나이에는 창업이나 다른 것들을 생각하기에는 현실적으로 어렵게 된다.

만약에 40대에도 자신의 길을 정하지 못한 채 그럭저럭 회사 생활을 한다면 정말로 답이 없다. 회사에 다니기로 했다면 자신의 경쟁력을 높여야 되고 최선을 다하는 회사 생활이 되어야 한다. 하지만 자신의 목표점 없이 이것도 아니고 저것도 아닌 그냥 버티기식 직장생활을 한다면 40대에 가치점이 낮아져서 회사를 나올 수밖에 없게 된다.

반면에 직장에 목표를 두고 열정적으로 회사 생활을 다한다면 40대 후반에도 당연히 더 크게 회사에서 인정받을 수가 있다. 회사에서 철저한 자신만의 전략을 세운다면 40대 후반이나 50대 초반에 회사를 나오더라도 재취업이 가능하다.

중요한 것은 당신이 지금까지 회사에서 본 것들은 껍데기에 불과하다는 것이다. 진정한 회사의 모습은 당신이 서른 중반 이후가 되었을 때부터 보이기 시작한다는 것이다. 누구도 그 이전에는 당신에게 관심을 두지 않을 것이다. 회사에 뜻을 가지고 있다면 당신은 앞으로 이기기 위한 전략을 철저하게 활용해야 한다.

현명한 직장생활,
철저한 자기관리

회사에 목숨이라도 바칠 것 같은 충성맨들이 어느 날 갑자기 정리해고 통지를 받았다면 느낌이 어떨까? 요즘 말로 멘붕의 상태가 지속되다가 시간이 지난 뒤 보면 아무것도 남는 게 없다는 것을 깨닫게 될 것이다. 그러나 회사 생활에서 그런 일들은 비일비재하게 일어나곤 한다. 그런 일을 당하면 대다수의 사람들은 회사로부터 배신당했다는 표현을 쓴다. 그런데 그 배신은 이유 없이 단번에 진행되지는 않는다. 사람을 내치기 위해서는 많은 사람들의 중지가 모아져야 한다. 오래전부터 그렇게 되도록 누군가는 마음속에 품고 결정적인 때를 기다리고 있었을 것이다.

회사는 부메랑과도 같다는 사실을 잊지 말아야 한다. 타인에게 상처를 주면 언젠가 다시 몇 배로 본인에게 돌아오기 마련이다. 회사를 나가서까지도 앙갚음을 하는 사람들도 비일비재하다. 그래서 회사에서는 부하 직원들에게도 적을 만들면 절대 안 된다.

회사에서는 업무성과가 낮다고 해서 배신하지는 않는다. 흔히들 회사에서 밀려나는 사람들은 일을 못해서 밀려나는 것이라고 생각을 한다. 하지만 회사의 정리 해고 대상자는 개인의 성과 문제보다도 과거에 주위 사람들에게 얼마나 악영향을 미쳤는가에 따라서 결정된다는 사실에 주목해야 한다.

회사로부터 배신을 당하는 사람들의 특징은 회사만 믿고 권한을 마음대로 휘둘러서 주위 사람들로부터 반감을 사는 경우가 많다. 조직에서 밀려나는 사람들을 유심히 살펴보라. 한때는 권력층의 두터운 신임을 받고 부러울 것 없이 권한을 맘대로 휘둘렀던 사람들이다. 그런 사람들이 하루아침에 짐을 싸고 회사를 떠나는 이유는 상사만 믿고 완장 차는 노릇을 집요하게 했기 때문이다.

회사는 하루아침에도 조직이 바뀐다. 핵심 주류가 비주류가 되기도 하고 비주류가 주류로 되기도 한다. 회사에서는 일을 잘해서 성과를 올리는 것만이 능사가 아니다. 회사를 제대로 파악하고 자신에게 있어서 불리한 인간관계를 만들지 말아야 한다.

일 잘하는 유능한 직장인은 수평적 마인드를 가진 사람들이다. 그들은 부하 직원의 동료들까지도 애써서 챙기면서 자신의 존재감을 높인다. 다른 사람들에게 해를 끼치면서까지 일할 필요가 없다. 만약 그런 일이 당신에게 주어진다면 적당히 하는 척하고 그 일에서 물러나 있어라. 그렇지 않으면 배신자들에 의해서 언제든지 당신은 위기에 처해질 수가 있다.

과거 조직은 오직 상사와 부하 직원 간의 관계만 있었다. 하지만 이제는 임원과 신입 사원 간에 서로 문자를 주고받으며 소통하고 있다. 스마트 사회로 접어든 요즘은 임원들이 굳이 팀장급들에게 의견을 수렴하지는 않는다. 커뮤니케이션이 활발하게 발달된 요즘은 직원들의 행동 하나하나가 평가 대상이 된다. 그래서 수평적인 마인드가 그만큼 중요하다는 이유다. 이제 상사에게만 목숨 바쳐 충성하던 시대는 지났다. 상사에게만 올인하는 행동을 할 경우 언제든지 본인도 모른 채 당할 수가 있다. 배신자는 회사 가까이에 항상 나타나는 법이고 자신을 가장 잘 아는 사람 내에서 발생하곤 한다. 그래서 직장 생활을 오랫동안 유지하기 위해서는 자신의 주변 사람들을 먼저 챙겨야 하고 권한을 함부로 사용해서는 안 된다.

회사는 일을 열심히 하거나 똑똑하거나 성과를 창출한다고 해서 오래 다니는 것이 아니다. 초고속 승진을 하거나 인정받아서 연봉을 높게 받거나 하는 모습은 오래 지속되지 못한다. 주위 사람들을 보더라도 잘나가는 사람들이 지속적으로 좋은 모습을 보이진 않는다. 회사 생활을 잘하는 법칙은 단순함에 있다. 그것은 조용하면서도 낮은 자세로 상대방의 행동을 유심히 살피면서 수평적인 마인드를 유지하는 사람들이 결국에는 오랫동안 조직에서 인정받으면서 살아남게 된다.

회사는 여러 사람들 간에 얽히고 얽힌 인간관계를 가지고 운영되는 네트워크 공간이다. 회사에서 벌어지는 대다수의 일들은 그런 네트워크의 소통에서 비롯된다. 주위 사람들이 항상 보고 듣고 평가하고 있다는 사실을 잊어서는 안 된다. 여러 사람들이 함께 있다 보면 자신의 단점에 대해서 드러나게 된다. 그 단점을 숨긴다고 해서 숨겨지지가 않는다.

회사는 개인이 일하는 모든 것들을 파악하고 있다. 평가자는 수시로 정보들을 수집한다. 그런 정보는 아주 친한 동료나 부하 직원에 의해서 전달이 된다는 사실이다. 자신은 설마라고 생각할지 모르지만 주변에 항상 배신자들이 존재하고 있다는 것을 믿어라. 그래서 항상 소소한 행동이라도 바르게 행동해야 하며 모인 사람 간에서도 비평적인 이야기는 하지 않는 것이 좋다.

배신자는 어쩔 수 없이 조직에서는 나타날 수밖에 없다. 그런 배신자들에게 당하지 않기 위해서는 있는 듯 없는 듯 행동하여 관심의 대상에서 제외되도록 철저하게 자신을 관리하는 것이 현명한 직장 생활일 것이다.

일벌레들에게
못 당하는 이유

당신은 직장 생활을 할 때 어떤 목적을 가지고 일하는가? 업무 습득, 경력을 쌓는 것, 빨리 승진하는 것, 연봉을 많이 받는 것 등 다양한 목적이 있다고 말할 것이다.

하지만 종종 다른 목적을 가지고 회사에 다니기도 한다. 이성 친구를 만나는 것, 주식을 거래하는 것, 동료와 술을 마시는 것, 오락을 하는 것, 수다를 떠는 것, 회사와 상사를 메신저로 비판하는 것, 인터넷 쇼핑을 즐기는 것 등이 회사에서 자주 발생되는 일들이다. 물론 모두가 회사에서 즐거움을 찾기 위해서 하는 것들이다.

우리는 회사의 목적과 다른 일들이 마치 회사의 일을 위한 활동으로 인식하는 경우가 많다. 회사 생활이 답답하다고 느껴지는 대다수의 사람들은 업무 이외의 일들을 통해서 스트레스를 해소하는 것이 필요하다고 말한다. 그런데 중요한 것은 자기 발전이 되려면 회사의 업무에 관련된 일에 집중도를 높여야 한다는 사실이다. 당연히 재미가 없고 따분하고 답답한 일들로부터 피곤함을 느낄 것이다. 그러나 앞으로 나가는 대다수의 사람들은 일을 목적으로 회사에서 성장한다는 사실이다.

왜 본인이 회사에서 성장하지 못하는지를 파악해 보라. 그것은 일보다도 비부가적인 활동에 너무 많은 시간을 투자하기 때문이다. 회사에서 이탈하는 대다수의 사람들은 일에서 즐거움을 찾지 못하는 사람들이다. 반면에 일벌레들은 오로지 회사에서 일만 생각하고 일만 이야기한다. 그렇다 보니 일반적인 수준에서 일하는 사람들은 당할 수가 없다. 대다수 회사에서 이탈하는 사람들의 특징은 일의 목적에 상관없는 행동들을 하기 때문이다. 그래서 적응을 하지 못한다는 명분을 내세워서 회사를 떠나곤 한다. 회사를 벗어나는 대다수의 사람들은 이런 목적이 잘못 사용되어서 자신을 합리화하여 불평과 불만이 넘쳐나기 때문에 떠나게 된다.

그렇다. 회사는 여유를 찾고 즐겁고, 행복한 곳이 아니다. 그런 원칙을 먼저 세워 놓고 스스로가 회사에서 어떤 가치를 추구해야 되는지를 생각해 보아야 한다. 그럼에도 불구하고 많은 이들은 이렇게 말한다. '회사는 늘 재미가 없고 일만 하는 곳'이라는 것이다. 하지만 회사의 본질을 이해하면 잘못된 생각이 아니라는 것을 알게 될 것이다.

대한민국 대다수의 회사는 재미보다도 일하는 것에 목적을 두고 있다. 결코 회사를 옮기더라도 이런 모습들은 사라지지 않는다. 회사 때문에 스트레스를 받는 사람들은 대다수 이런 일 중심의 문화를 억제하고 거부하려는 마음이 강하기 때문이다. 회사에서 성공한 사람들을 자세히 살펴보라. 그들은 속마음을 숨기며 절대로 겉으로 표현하지 않는다. 대다수 회사와 집에서 서로 다른 마음을 품고 살아간다. 회사에서는 바늘로 찔러도 피 한 방울 안 나올 것 같은 냉혹한 전사의 모습으로 일하며 집에 와서는 누구보다도 자상한 가장의 모습으로 살아간다. 실제로 회사에서 일 잘하는 사람들은 가정에서도 행복한 가정을 꾸려나간다. 그리고 대인 관계도 원만하다. 왜 그럴까? 그것은 목적에 맞는 행동을 해야 된다는 가치관이 바로서 있기 때문이다.

때론 철저한 일 중심의 사람이 다른 상황에서는 다른 행동들을 보이기도 하는데 그런 것들을 남들이 보면 간사하다고 느낄 수도 있고 남의 비위를 잘 맞춘다고 느낄 수도 있다. 하지만 남의 비판을 받는 대부분의 사람들은 하는 척을 하기 때문에 주위 사람에게 인정을 받지 못한다. 그것은 목적의식이 아닌 다른 목적을 사용하기 때문에 나타나는 현상이다. 목적의식이 바른 사람은 대인관계가 매우 원만하다. 절대로 지금 하는 일을 다른 목적으로 활용하지 않는다는 것을 상대방이 알기 때문이다.

회사에서는 일하는 목적, 가정에서는 화목해야 하는 목적, 학교에서는 공부를 하는 목적, 친구들과의 모임에서는 즐거워야 하는 목적 등 그에 맞는 목적대로 행동해야 한다. 대부분의 사람들은 그렇지 못하기 때문에 성공하는 사람들을 시기하고 질투한다. 억지스럽게 살아간다고 이야기하면서 비판하기도 한다. 하지만 자신이 하는 일에 있어서 뚜렷한 목적의식은 자신을 단련시키고 훈련시켜 주되 엄청난 효과를 발휘한다.

우리는 목적을 간과한 채 살아가곤 한다. 그렇다 보니 늘 끊임없이 생각과 행동이 다르게 표출된다. 목적에 맞게 '일 할 때는 일하고 놀 때는 노는 것'이 가장 현명하게 성과를 창출하는 사람이란 것을 잊지 말자.

고수들은
일하는 방식이 다르다

어렵게 입사한 회사, 그 속에서 무엇을 배우고 얻어야 하나? 다들 이상한 눈과 말, 보고와 지시뿐인 일상, 답답함과 말이 통하지 않는 이상한 곳, 이것이 직장인들이 느끼는 회사의 모습들이다.

회사. 누구에게 말 한마디 하기 어렵고, 가슴 찡한 감동이 사라진 곳, 그곳에서 우리는 억지스러운 입을 열면서 하루가 시작된다.

회사를 그만둬야 하나? 이런 상태로 어떻게 회사를 다닐까? 내내 그런 고민이 드는 일상. 변한 것은 없고 나에게 기회조차 주지 않는 현실에서 외롭고, 지겹고, 떠나고 싶다는 맘이 든다.

그래, 이것은 자연스러운 현상이고 나만이 경험하는 느낌은 아닐 것이라는 위안으로 하루를 시작한다. 하지만 회사에서 즐거움을 찾기란 쉽지가 않겠지만 즐거움을 찾는 사람들은 분명히 존재한다. 때론 회사에서 관심 밖인 사람들은 즐거움에 목숨 걸기도 한다. 그런데 그런 사람들은 대다수 회사에서 찍혀 있는 신세로 얼마 못 가서 회사를 나가게 된다는 치명적인 한계가 존재한다.

아무튼 회사라는 곳에서 벌어지는 현상은 대부분 비슷한 현상들이다. 후회할 이유도 없고 탓할 이유도 없을 것이다. 훌륭한 직장 생활의 조언을 들어 본들 모두가 다 똑같고 실제로 생활해 보면 많은 차이가 있음에 인정을 하게 된다.

시작부터 벌써 그렇다면 안 된다는 생각, 가족과 친구들의 위로는 전혀 들어오지 못하는 마음. 회사만 오면 서바이벌 같은 존재감이 드는 것은 왜일까?

돈을 벌어야만 하는 시대, 그 속에서 전쟁을 치열하게 치루고 끝까지 전투를 벌여야 하는 시대, 중간에 다치면 퇴보할 수밖에 없고 다시 일어나기 어려운 시기. 그 속에서 우리는 지금 살아가고 있다.

그러나 지금의 회사 생활은 실패를 두려워할 필요는 없다. 그리고 지금 보는 모습들이 직장 생활의 다가 아니라는 사실을 기억해라. 회사에서 일을 질 하는 사람들은 도대체 어떤 사람들일까? 그런 사람들은 원래 눈에 잘 들어오지 않는 법이다.

회사에는 눈에 보이지 않는 3단계 고수가 존재한다. 첫째, 은근히 어리석은 척하고 자신의 위치는 숨기고 회사에서 말을 거의 하지 않는 은둔형이 있다. 이들은 철저하게 자신의 생각을 숨기면서 상사가 기회를 주면 절대로 놓치지 않고 성과를 챙기는 유형이다. 상사와도 비밀리에 보고를 해서 상사와의 관계성을 중요하게 생각한다. 거리 감을 상사와 일정하게 두면서도 겉으로는 원만하게 대인 관계를 유지하지만 속으로는 항상 권력의 2인자를 노리고 있다.

둘째, 상사의 지시에 칼처럼 반응하고 상사에게 인정받기 위해서 물불을 가리지 않는 충성형이다. 이들은 상사가 지시한 일은 모든 만사를 제치고 목숨을 걸 만큼 충성한다. 대부분의 일을 자신이 하기보다는 부하에게 시키고 본인은 조정 역할을 하면서 지휘하는 역할을 한다. 상사와 친밀도를 과시하면서 동료 직원이나 부하 직원의 피를 빨아 먹는 전형적인 아부형이다.

셋째, 윗사람에게 신복처럼 행동하며 수시로 자신의 주변에서 일어나는 일들을 보고하며 동향에 대해서 의견을 전달하는 비서형이다. 이들은 때론 수평적 사고를 가지고 있는 척해서 회사의 소식을 동료들에게 잘 듣게 된다. 윗사람들에게 열심히 일한다는 인식을 심어 주는데 초점을 맞추어서 밤늦게까지 일을 한다. 정작 일을 하기보다는 딴짓을 주로 하지만 겉으로는 열심히 일하는 것처럼 보여 준다. 상사에게 항상 일 중심으로 대하고 사회성이 없는 것처럼 일부로 보여 주는 소인배들이 많다. 이들은 항상 열심히 하면서 일 이외에는 모른다는 사고를 윗사람들에게 심어 주기 위해서 노력한다. 휴가를 반납하거나 어려운 일을 일부러 만들어서 인정을 받는 데 노력한다.

이처럼 직장인들이 조용하게 일하는 것 같지만 내면을 들여다보면 엄청나게 다른 모습이 존재한다. 그런데 중요한 사실 한 가지는 회사의 고수들이 절대적인 위기에 빠지는 경우가 있다. 자신의 모습을 숨기면서 일하다 보면 자기 정체성의 혼란에 빠져서 중심이 쉽게 흔들린다는 사실이다. 정치적으로 일하는 생각이 드는 순간 조직에서는 작은 실수도 용납되지 못하고 공격을 받게 된다. 그래서 어찌 보면 순진하고 멍청해 보이는 직장인들이 더 오랫동안 인정을 받는 이유이기도 하다. 그 사람들이 진정으로 고수임이 틀림없다. 정치적 냄새가 나는 순간 조직에서는 오래 버티기가 힘들기 때문이다.

회사와 함께하기 위한 필요조건

우울하다면
서점에서 책 한 권을 읽자

회사에서 누군가에게 뒤통수를 맞았거나, 자신의 능력을 회사가 알아주지 못하거나, 회사가 언제 정리될지 모르는 불안감에 사로잡혀 있거나 하면 때론 힘없이 주저앉고 싶은 심정이 든다.

그러나 이것만은 알자. 이런 우울한 것들을 깨닫고 인지하고 있는 것만으로도 당신은 충분히 발전하고 있는 것이다. 현명한 직장인들은 자신에게 오는 변화를 빨리 감지하고 그에 맞는 발 빠른 대처를 한다. 반면에 대다수 직장인들은 이것저것 아프더라도 혼자서 끙끙대다가 결국은 되돌릴 수 없는 화를 입게 된다.

이것쯤은 견뎌야 한다는 사실, 더 이상 물러설 곳이 없다는 생각, 나를 지켜보고 있는 많은 사람들, 이런 현실이 나를 제자리로 돌려보낸다. 그래서 아프더라도 꾹꾹 참고 아프지 않은 척 지내야 한다.

　그렇다. 아파도 아프다고 할 수 없는 곳이 직장이다. 누구에게 하소연할 수도 없는 곳이 직장이다. 평생 같은 직장이 어느 순간 살벌한 퇴직 훈련소로 바뀌게 되는 것을 느끼는 순간 자신은 이미 치졸한 사람으로 변했음을 직감한다. 이것 또한 스스로에게는 우울한 것이다.

　우울한 직장인이라면 다음과 같은 것들을 한번쯤 실행해 보자. 새로운 자신을 발견하게 됨으로써 활력이 되살아날 수 있다.

　첫째, 나보다 못한 사람들에게 봉사를 해보자. 봉사라는 것은 자신에게 있었던 욕심과 자신밖에 몰랐던 세상을 남이라는 것들로 채워주는 고마운 선물이다. 봉사하면서 자신 이외의 것들을 둘러보고 체험함으로써 자신을 겸손하게 만들어 준다.

　흔히 은퇴를 한다든가, 시간이 남을 때 봉사를 한다고 하지만 봉사를 하려면 지금 왕성할 때 하는 것이 좋다. 한번쯤 누군가를 위해서 봉사하는 경험을 가져 보면 지금 하고 있는 것들에 대해서 감사함을 느끼며 긍정적인 사고가 생겨나게 된다. 그리고 봉사하는 사람들과 함께 이야기를 나누다 보면 어느새 긍정의 가치가 생겨난다.

　직장인들은 시간에 쫓겨 살다 보니 여유시간을 내기가 어렵다고들 말한다. 하지만 자신이 소비하는 시간 중에서 아무리 힘들더라도 꼭 해야만 하는 시간은 그리 많지는 않을 것이다. 대다수 일정을 조정할 수 있거나 마음만 먹으면 충분히 여유시간을 가질 수 있다. 골프치고, 술 마시고, 게임을 하는 등의 시간들만 줄여도 충분히 봉사할 시간을 가질 수 있다. 그래서 모든 일은 마음먹기에 달려 있음을 깨닫게 된다.

회사에 100% 투자하는 것이 다른 것들을 포기하는 것만큼 소중한가? 한번 조용히 마음속에 생각해 보라. 다른 행복한 것들에 대해서도 천천히 느껴 보고 자신의 감정을 정리해 보자.

둘째, 정말 보기 싫은 사람과 함께 한다면 그 사람에 대해서 감사함을 느끼고 위로를 해 줘라. 당신에게 오기와 도전 정신이 들 만큼 약을 올려 주는 사람이 있다면 그것에 감사해야 한다. 사람 간에 안 맞는 이유는 뻔하다. 서로가 문제가 있기 때문이다. 그것은 듣기 싫은 소리를 못 넘기는 성격 때문이다. 그 굴레에서 벗어나라. 듣기 싫은 소리에 대해서 감사하다고 느껴라. 한 발짝 뒤로 자신이 져주는 것이 발전한다는 것을 훗날 알게 될 것이다.

훗날에 당신이 그로 인해서 더 발전적인 삶을 살게 되었다는 것을 깨닫게 될 것이다. 자신이 발전하기 위해서는 자극이 있어야만 가능하다. 그 자극은 사람의 능력을 한없이 높여 주곤 한다.

하지만 거칠고 차가운 곳에서 너무 많은 시간을 허비하지는 말자. 당신이 감당하고 넘길 수 있는 지혜를 얻을 만큼의 능력을 갖추고 부족하지 않을 만큼 처신하면 된다. 사람을 너무 어렵게 대하지 말고 때론 아무렇지도 않게 대하라는 의미다. 그런 모습이 보이면 상대방은 더 이상 집착하지 않을 것이다.

셋째, 혼자 여행을 떠나라. 거창한 곳보다는 못 가본 곳부터 천천히 가 보라. 그곳에서 자신만의 시간을 보내라. 또 다른 세상이 눈에 들어올 것이며 자신의 삶이 작은 인생의 한 부분이라는 것을 깨닫게 될 것이다.

여행을 모르고 살아가는 사람들도 많다. 때론 혼자서 배낭을 메고 떠나 보기를 권한다. 모든 것들을 잊고 자신의 인생을 돌아보고 어떻게 앞으로 살 것인지에 대해서 작은 다짐쯤은 마련하고 돌아오기를 바란다. 세상이 넓다는 인식을 하게 될 것이고 내가 너무 이기적으로 살아온 세상에 대해서 너그럽게 보이게 될 것이다.

지식은 그 수준에서 끝나지만 지성은 감정을 통해서 가슴으로 배우게 된다. 그 가슴속에 있는 지성을 통해서 비로소 깨닫는 것들이 만들어지게 된다. 바쁜 일상에서 지식을 얻기에 급급하기보다는 다양한 것들을 경험하면서 지성을 쌓기를 바란다.

넷째, 하루를 돌이켜 보도록 일기를 써라. 일기는 자신이 걸어가는 길에 대해서 발자취를 볼 수 있고 자신이 늘 고민하던 것들에 대해서 인지하도록 좋은 시간을 만들어 준다. 자신이 써 내려가는 일기를 보면 그만큼 복잡한 생각도 단숨에 정리가 된다.

하루 10분을 투자해서 자신의 과거를 돌아보고 생각을 정리할 수 있다는 값진 것이다. 일기가 어렵다면 다이어리에라도 자신의 감정을 표현해서 작성해라. 그것은 훗날 감정의 변화를 보면서 스스로 발전적인 감성의 상태로 만들어 줄 것이다.

좋은 습관은 좋은 태도에서 나오는 법이다. 바른 생각의 가치를 전달해 줄 수 있는 습관을 항상 배우는 것은 자신을 긍정적으로 발전시켜 주는 선생님 같은 역할이 될 것이다. 자신이 발전되어 가고 있다는 것을 느낄 수 있도록 도전하는 것에 대해서 거침없는 생각들을 써 내려가라. 그렇게 하면 훗날에 그것은 자신의 발자취를 누군가에게 보여줄 수 있을 만큼 가치 있는 것들로 변해 있을 것이다.

다섯째, 감동 증후군에서 탈피해라. 감동을 위해서 우리는 살아가는 것처럼 꾸며져 있다. 우리의 인생은 감동의 드라마는 아니다. 충분히 평범함에서도 감동이 살아날 수 있다. 자신의 인생이 감동적이라는 자아의 확신을 가져라. 그래야만 자기 스스로가 어떤 일을 하더라도 자신감 있게 할 수가 있다.

성공한다는 생각, 지금 어렵더라도 극복하면 반드시 희망이 온다는 생각을 꿈꿔 봐라. 세상에는 공짜가 없다. 작은 것들 하나를 이루기 위해서는 고독과 싸워야 되고 혼자서 유혹을 떨쳐 내는 인내심이 필요하다. 그것 자체가 감동인 것이다.

우리의 삶은 스스로 만들어 나가는 것이다. 누군가의 도움은 불필요하다. 직장 생활에서의 도움도 역시 불필요한 것들이다. 자신이 스스로 하지 못하면 응용력이 떨어지기 때문에 남들의 도움은 오히려 악이 된다. 깨지고 야단맞더라도 자기 스스로 회사에서는 할 수 있어야만 나중에 혼자가 되더라도 앞으로 나갈 수가 있다. 감동이라는 것은 자신에게 있어서 철저하게 스스로 해낼 때 느낄 수 있는 선물이다.

여섯째, 어릴 때 놀았던 추억의 장소에 가보면 마음의 위안을 느낄 수가 있다. 초등학교 시절에 뛰놀던 곳에 가보면 자신이 얼마나 기쁘게 놀았는지를 알 수 있다. 그 시절의 추억을 되돌려 보면 마음이 한결 가벼워진다. 그리고 가슴 한쪽에 닫혀 있던 열정의 모습을 되찾을 수 있을 것이다. 지금의 위치가 높건, 낮건 아무 소용이 없다. 행복한 마음을 가질 수 있다는 것은 돈으로도 살 수 없는 가치들을 가진 것이다.

일곱째, 자신의 꿈을 자세하게 종이에 적어 보아라. 그 꿈은 반드시 이루어진다는 확신을 가지고 꿈의 목록을 작성해 보라. 삶을 위해 더 노력해야 된다는 가치를 얻게 될 것이며 그중에서 한 가지라도 달성하기 위해서 더 뛰게 될 것이다.

회사원들은 비전을 꿈꾸지 못하는 경우가 많다. 왜 그럴까? 지금의 환경이 비전을 느끼지 못하게 하는 것일까? 그렇지 않다. 인생을 한번쯤 생각한 사람들이라면 비전은 충분히 꿈꿀 수가 있다.

지금의 삶이 충분히 행복하다면 그것은 비전이 없다는 뜻이다. 비전을 가진 사람들은 자신의 인생이 '행복하다'는 것보다 '도전적이다'라고 느낀다. 도전을 해 본 사람들은 행복이 무엇인지를 안다. 진정한 행복은 물질로 살 수 없는 것들이다. 지금 누리는 행복은 자신의 노력 없이 이루고 만들어진 것들이 태반이다.

그런 것들을 위해서 목숨을 걸 만큼 쫓아가지 마라. 그것은 금방 우리의 뇌에서 사라지는 존재들이다. 진정한 행복은 겉으로 드러나지 않는다. 그것은 자신의 내면에서 발전하고 도전하는 용기 속에서 저절로 피어나는 꽃인 것이다.

여덟째, 공부를 다시 시작해라. 관심 분야라면 무엇이든지 좋다. 공부를 통해서 새로운 것들을 알게 되고 자신이 발전하고 있다는 사실을 느끼게 된다. 그리고 공부를 하는 사람들과 좋은 인간관계를 형성할 수 있다. 자신과 공감대를 형성하는 사람들이 주위에 많아지게 됨으로써 기쁨을 누릴 수가 있다. 그리고 자신이 무엇인가를 배운다는 것은 그만큼 자신감과 삶의 에너지를 갖게 해 준다.

공부하는 것은 그만큼 열정과 에너지를 불러일으킨다. 지식을 습득하는 것도 중요하지만 자신이 무엇인가 도전하고 있다는 사실 한 가지로도 충분히 직장 생활에서 활력을 찾을 수가 있다.

어려운 인간관계를
해결하는 가장 좋은 방법

인간관계로 어려움에 처해 있다면 다음과 같이 실행해 보자. 마음의 여유가 한층 더 생길 것이다. 인간관계로 바보같이 슬퍼할 이유가 없다.

첫째, 상대방을 미워하는 사람들은 대부분 자신을 누군가가 미워할 것이라는 두려움이 있기 때문이다. 이런 행동은 욕심과 욕망에 사로잡혀 있는 사람들에게서 나타난다. 욕심과 욕망에 휩싸여 있는 사람들은 남을 비판하길 좋아한다. 왜냐하면 남들이 자신을 인정해 주고 관심을 가져주길 바라는데 그렇지 못하기 때문이다.

그런 사람들을 만나면 여유를 가지고 감사함을 느끼면서 지내는 것이 오히려 맘이 편하다. 당신이 발전하기 위해서는 누군가로부터 비평과 비난을 받지 않고서는 성장할 수가 없다. 그런 성장의 토대를 제공해 주는 사람을 만나기란 쉽지가 않다고 생각하는 것이 편할 것이다.

성격이 비슷한 사람들이 잘 맞는 경우도 있지만 그렇지 않은 사람들도 많다. 내가 아는 것들을 상대방도 뻔히 알고 있기 때문이다. 인간은 누구나 성장하기를 원한다. 그 성장의 방법이 회사에서는 윗사람에게 잘 보이고 일 처리에 있어서 완벽함을 보이는 것이다. 그런 성향이 비슷한 사람들이 만나게 되면 상당히 견제하게 된다.

만만치 않다고 느끼게 되는 순간 견제가 들어오기 때문이다. 자신이 이길 수 있다고 믿는 자들에게는 건들지 않지만 자신이 힘으로 제압이 되지 못한다고 판단이 되는 사람들에게는 항상 부딪히게 된다. 그것은 어쩔 수 없는 인간의 섭리이다. 한 사람이 물러서지 않으면 게임은 끝이 나지 않기 때문에 회사의 조직은 항상 누군가는 피를 보면서 끝나게 된다.

그 피로 때로는 수많은 사람들이 희생당하기도 한다. 그것이 보이지 않는 회사의 싸움이다. 다툼이 발생한다는 것은 그만큼 조직에서 서로 간에 성장에 대한 욕구가 강하다는 의미다. 개인 간의 사람 문제도 마찬가지다. 성장의 욕심이 과도하여 상호 견제하는 역할이 피곤할 정도로 이어지기 때문에 집착하는 행동들이 나타나게 된다.

이럴 때는 자신의 위치에서 한 발짝 뒤로 물러나서 보는 지혜가 필요하다. 누구나 마찬가지지만 현명하게 적을 이기는 사람들은 멍청한 척, 바보인척하면서 뒤에서 상황을 살피는 사람들이다. 인간관계에서는 해결되지 않는 것들이 참으로 많다.

그것들을 억지로 해결하려고 하지 말고 뒤로 물러나서 천천히 자신의 감정을 조절해 나가는 지혜가 필요하다. 시간은 우리에게 그런 것들을 해결해 주는 소중한 선물이 될 것이다.

둘째, 상대방의 말에 대해서 심각하게 받아들이지 말고 유머스럽게 넘겨라. 대다수 대립 관계에 직면한 사람들은 성격이 비슷하기 때문에 충돌하게 된다. 간단한 유머로 상대방의 말을 넘겨 버리면 심각한 상황에서 벗어날 수 있다. 지금까지 너무 민감하게 자신을 컨트롤 해 왔다면 이제부터는 상대방에게 여유를 보이고 느긋하게 행동하는 지혜가 필요하다. 조급해하지 말고 여유 있는 행동을 하는 자가 승리하는 것이다.

셋째, 지금 당장 보기 싫은 사람이 있더라도 시간이 해결해 준다는 것을 깨달아라. 직장 생활은 함께하는 동료들이 평생 갈 것으로 생각하지만 얼마 못 가서 새로운 사람들로 바뀌게 된다. 직장은 당신 개인이 처한 문제에 대해서 고민하지 않는다. 능력과 성과 측면으로 항상 조직은 바뀌기 때문에 지금의 상황이 답답하다고 생각하지 말고 묵묵히 성과를 위해서 챙겨 나가면 좋은 기회들을 느낄 수 있다.

넷째, 한쪽 면만 바라보지 말고 양쪽 면을 보는 지혜를 가져라. 인간관계의 문제들은 대다수 한쪽으로 시야를 보기 때문에 단점이 눈에 들어와서 싫은 것이다. 분명히 장점을 가지고 있는 것들에 대해서 파악하고 인정하는 것이 필요하다. 아무리 싫은 사람이라도 장단점을 가지고 있다. 다른 사람들의 단점이 보이는 것은 자신도 똑같은 단점을 가지고 있기 때문이다. 자신의 단점을 먼저 생각해 보면 상대방의 단점을 이해할 수 있을 것이다.

다섯째, 자신에게 사람이 모이지 않는 것에 대해서 고민해 보라. 주위에 사람이 꼬이는 것은 자신을 낮추고 배우려는 자세를 가졌기 때문이다. 사람은 누구에게나 가르치려 하고 자신의 우월에 대해서 자랑하려는 심리가 있다. 사람을 모이게 하는 탁월한 능력을 갖춘 사람들은 대다수 고민에 대해서 이야기를 나누고 싶은 마음이 간절한 사람들이다.

남들에게 자신을 속이고 드러내지 않는 사람들은 절대로 사람이 모이지 않는다. 반쯤은 바보처럼 행동해 보라. 그리고 여유와 삶의 살아가는 이야기들에 대해서 나눠 보라.

매사 업무 이야기만 한다든가, 매사 진지한 이야기만 늘어놓는다든가 하면 누구도 함께하려 하지 않는다. 늘 하고 있는 일상적인 이야기들을 벗어나서 숨 쉬면서 살아가는 이야기들을 하려고 노력해 보라.

여섯째, 남에게 보이기 위하여 겉과 속이 다른 행동을 하지 마라. 인간관계를 깨트리는 가장 큰 것 중에 한 가지는 남의 시선을 의식해서 자신과의 관계된 사람들에게 진실을 속이는 행동을 보이는 것이다. 상사로부터 인정받고 싶다면 먼저 동료에게 인정받는 노력을 보여라. 일이라는 것은 투명하고 정직해야만 가치가 있는 것이다.

일곱째, 수평적 사고를 갖추지 못하면 인간관계는 회복되기 어렵다. 나이를 먹게 되면 보수적 사고는 더 강해지고 연공서열에 대한 의식들이 깊어지게 된다. 나이 든 직장인들의 가장 큰 문제점은 수평적 사고가 부족하다는 것이다. 수평적 사고를 늘리기 위해서는 자신의 생각이 틀리다는 인식을 늘 해야 되고 상대방의 의견을 수렴하는 적극적인 모습을 보여야만 한다. 반강제적인 노력 없이는 절대로 수평적 사고는 받아들여지지 않는다는 것을 기억하자.

여덟째, 도저히 인간적으로 해결이 안 될 것 같은 소인배들을 만나면 무조건 피하는 것이 현명한 것이다. 이런 소인배들은 자신보다 잘나거나, 앞서 나가거나 하는 꼴을 보지 못한다. 듣기 싫은 소리를 소인배들에게 들어도 자신을 드러내지 말고 아무 일 없이 참고 넘기기 바란다. 소인배들은 자신에게 감정을 자극하는 사람들에게 거품 반응을 일으킨다.

소인배들을 만나면 그냥 불쌍하고 측은하게 여기고 피해라. 역사를 살펴봐도 이런 소인배들은 자신이 살아남기 위해서 남을 제거하고 미친 듯이 공격한다. 현대 의학에서는 일종의 정신병자들이라고 할 수도 있다. 그렇다고 소인배를 따르라는 의미가 아니다. 똑같은 간신이 되지 말고 깨끗한 물에서 현명한 사람들과 함께하는 것이 자신을 발전시키는 지름길이다.

미래가 불안하다는 것은
열심히 뛴다는 뜻이다

미래가 불안하다면 다음과 같은 것들을 실행해 보라. 마음이 평온할 것이다.

첫째, 종교를 믿어라. 종교 생활은 자유지만 혼자 있을 때, 두려울 때, 자신에 대해서 돌아볼 수 있는 작은 희망의 씨앗을 제공한다. 종교에 대해서 부담감을 가질 필요는 없다. 다만, 자신이 의지하고 싶은 마음이 든다면 종교 생활을 통해서 더욱 성숙된 자아를 발견할 수 있게 된다. 혼자서 모든 것들을 짊어지고 가는 것보다는 무엇인가를 의지할 수 있는 힘도 필요한 것이다.

종교를 믿는 대다수의 사람들은 너무도 힘든 일들을 경험하거나 자신이 어떻게 할 수 없는 상태가 되었을 때 믿게 된다. 종교로부터 자신이 얻을 수 있는 무한한 기쁨과 용기를 통해서 더욱 믿음이 커지는 것이다. 이것은 매우 긍정적인 측면이다.

자신의 일들을 반성하게 되며 믿음을 통해서 한 발짝 자신의 존재감을 드러낼 수 있다는 것은 신선한 매력인 것이다.

저자는 교회에 다니고 있고 하나님께로부터 수많은 감동과 기도의 응답을 받았다. 당신이 종교를 믿지 않든, 불교를 믿든, 기독교를 믿든지 본인의 선택 영역이겠지만 종교를 믿는다는 것은 때론 어렵고 힘든 고독의 길을 갈 때 큰 도움을 받을 수가 있다.

지금 잘되고 있고 건강하다고 생각한다면 굳이 종교에 의지할 필요성을 느끼지 못할 것이다. 저자가 말하는 종교생활은 스스로 도전하고 목표를 위해서 한 단계씩 전진하는 사람들을 위해서 필요하다는 의미다.

회사 생활은 하루에도 몇 번씩 자신에게 오는 도전과 반응으로부터 탈피하지 못한다. 자기 계발 역시 도전하고 성취하는 스스로의 고독과 싸워야 하는 힘든 시간을 보내야 한다. 그 고난의 힘을 자신의 의지대로 잘 해결해 나갈 수 있는 사람은 극히 드물다. 그래서 때론 종교를 통해서 기도하고 바라는 노력이 필요한 것이다. 그 속에서 수많은 자신과의 약속과 다짐을 통해서 발전하는 사람으로 거듭나는 기회를 얻을 수가 있다.

둘째, 무엇인가 실행하고 싶지만 뜻대로 되지 못할 경우에는 실천할 수 있는 작은 것부터 실천해 보라. 크게 이룬 사람들은 단계 단계를 밟아서 정상의 위치에 올라갔다는 것을 깨달아라.

한 번에 모든 것들을 이룬 사람은 없다. 처음 계단부터 순서대로 올라가야만 얻을 수 있다. 작은 것부터 실행하는 계획을 세우고 달성이 되도록 노력해라. 이후 자신감을 통해서 더 큰 것들을 이룰 수 있게 된다.

셋째, 성공한 사람들의 이야기를 가능하면 많이 들어라. 자신도 그렇게 될 수 있다는 강한 신념을 가지고 성공을 품어라. 그런 행동은 자신의 삶을 능동적으로 바꿀 수 있는 좋은 기회가 될 것이다. 성공한 사람들이 말하는 것, 강연 등을 학습하고 배워라. 그리고 노트에 메모를 하고 성공할 수 있다는 확신을 품어라. 핸드폰에도 자신의 비전에 대해서 적어 놓고 항상 살펴보아라. 그렇게 되면 불안한 미래가 어느새 자신감으로 바뀌어 있을 것이다.

넷째, 미래를 위한 투자를 해라. 한 번 지나간 시간은 다시 돌아오지 않는다. 지금부터 10년, 20년을 내다보고 무엇인가에 투자해라.

사람에 대한 투자. 자산에 대한 투자 등 무엇이든지 좋다. 자신이 미래에 발전 가능하다고 생각하는 것들에 대해서 발굴하고 투자하는 지혜를 가져라. 감나무에서 감이 떨어질 때까지 나무 밑에서 기다리는 사람은 바보일 것이다. 감나무가 떨어질 때 여러 감나무 밑에서 받을 준비를 가능하면 많이 해 두는 것이 지혜로운 자가 된다.

투자라는 것이 꼭 돈을 목적으로 하는 것이 아니다. 투자는 미래를 위해서 자신이 보고 느낀 무엇인가에게 남들보다 빠르게 성장의 동력을 발굴해서 꽃을 키우는 노력을 하는 것이다. 그것들을 키우는 재미는 분명히 즐겁고 유익하다. 성장하는 것들에 대해서 자신의 것을 아낌없이 지원해 줄 수 있는 도전을 실행해 보자.

다섯째, 일 년의 목표를 세우고 월 단위로 관리해라. 목표를 세우지 않으면 자신의 길에 대해서 알지 못한다. 바다 한가운데서 어디로 갈 것인지를 정하는 것만큼 중요한 것은 없다. 성공하는 대다수의 사람들은 일 년의 목표를 세우고 그것들을 체계적으로 달성 가능하도록 점검하는 것을 깨달아라.

그리고 일 년의 목표, 월 목표, 주간 목표, 일일 목표에 대해서 연계를 통해서 관리해라. 그리고 가장 중요한 것은 일일 목표에 대해서 세세하게 관리하고 계획을 해야만 그 일 년의 목표가 달성 가능한 수준까지 도달된다는 것이다. 직장인들의 하루 목표는 곧 자신의 인생 목표라는 사실을 잊지 말자.

여섯째, 욕심을 제거해라. 자신에게 맞는 수준의 욕심과 노력이 사람을 행복하게 만들어 준다. 그런데 욕심만 가득한 사람들은 인생이 피곤하고 불행하다. 늘 그 욕심에 사로잡혀서 더 많은 요구를 본인 스스로에게 하기 때문이다. 정작 욕심 때문에 자신은 한 가지도 실행하지 못하면서 말이다. 때론 무소유라는 생각을 가지면 태도가 달라진다. 자신에게 맞는 위치, 자신에게 부족하지 않는 삶을 살아가는 것만큼 행복한 것이 없다. 그것을 깨닫게 되면 비로소 삶이 긍정적으로 변하게 된다.

긍정은 자신이 지금 처한 불안 요소를 즐거움으로 바꿔줄 수 있는 유일한 힘이다. 사람은 욕심이 끝이 없다. 그 욕심 때문에 아무리 많은 부를 가진 사람들도 미래에 대해서 불안하게 생각한다. 지금부터라도 자신의 삶을 긍정적으로 바라볼 수 있는 기준을 마련해 보자.

올바른 원칙만 있다면 못할 것이 없다

당신의 사소한 것도
회사는 기억한다

❶ 부정적인 사람에게 경청을 베풀어 줘라

회사는 사람이 사는 공간이다. 사람들에게 베풀고 관계를 잘 맺어라. 그러나 이것은 생각처럼 쉽지 않은 일이다. 마음을 비워야만 사람에게 베풀 수가 있다. 직장의 모든 것은 영원하지가 않다. 지금은 위에 있지만 앞으로 내려가는 것이 직장인 것이다. 너무 잘나게 행동할 이유도 없고 못나게 행동할 이유도 없다. 알고 보면 모두가 같은 처지가 된다.

부정적인 사람들은 가슴속에 상처가 남아 있기 때문이다. 그것들이 때론 아니라는 것들을 보여 주기 위해서는 마음을 움직이는 노력이 필요하다. 바로 경청이 필요한 이유다. 부정적인 사람들에게는 누구도 이야기를 들어주려고 하지 않는다. 하지만 경청을 통해서 한 개인의 감정은 충분히 바뀔 수가 있다. 그리고 바뀐 태도에 대해서 항상 당신에게 고마워할 것이다.

사람에 대한 예의와 존중을 지켜 주면 상대방은 인정할 것이다. 사람이 먼저인 이치를 회사에서 깨닫게 되면 자신과 함께하는 사람들이 많아짐에 행복할 것이다.

❷ 남들 앞에서 자랑하지 마라

타인 앞에서 자랑하는 것은 자기 스스로에 대한 품격을 떨어트리는 행위다. 자랑을 하지 않더라도 행동에서 자신의 위치를 남들이 알아주는 것이다. 말하지 않더라도 자신의 모습은 저절로 풍기는 법이다. 자신감의 표현을 상대방에게 전달하는 것은 중요하지만 절대로 자신의 장점을 표출하지 마라.

상대방이 눈에 들어오는 것들은 자신의 가치에 따라서 달라지는 것이다. 돈과 부가 관심사라면 상대방에게 그런 것들이 눈에 들어올 것이고 그런 것에서 관심사가 될 수 있다. 하지만 내면의 가치를 중요하게 생각하는 사람 앞에서 자기 자랑을 늘어놓으면 좋지 않은 인상을 가지기 때문에 신중해야 한다. 자랑을 하려거든 자신의 단점에 대해서도 적절하게 섞어서 이야기하는 지혜를 가져라.

자랑하는 것은 상대방의 의식 수준을 보고서 판단해라. 괜한 쓸데없는 자랑으로 상대방에게 좋지 않은 인상을 뿌리지 말도록 해라. 자랑이라는 것은 말하지 않아도 상대방이 알고 싶고 궁금한 것들이 저절로 나타난다는 사실을 잊지 말자.

❸ 함부로 많이 먹지 마라

몸을 함부로 살찌우지 마라. 찌는 것은 순간이지만 빼는 것은 평생 어렵다. 그것은 자기 관리를 못하는 원인이 될 수 있다. 좋은 인상을 주기 위해서는 외모가 중요하다. 몸의 균형을 잃어버리는 순간 다시 옛날로 회복하는 것은 그만큼 어렵다. 과식을 피하고 운동을 통해서 자신의 균형 있는 몸매를 유지해라.

인간이 과도한 스트레스나 정신적인 고민이 있으면 먹는 것으로 푸는 경향이 많다. 하지만 정말로 힘들고 참기 어려운 경우라면 먹지도 못한다. 그래서 살이 빠지게 된다. 먹을 수 있다는 것은 그나마 감사한 일이다. 하지만 우리는 자신의 신체에 대해서 관리하고 그것을 상대방에게 보여 주는 노력도 필요하다.

균형 감각 없이 너무 살을 찌우게 되면 자기 관리를 철저히 하지 못하는 사람으로 생각할 수가 있다. 그래서 적당히 먹고 적당히 운동을 통해서 자신의 신체 리듬을 유지하는 노력이 중요한 것이다.

❹ 인생을 습관적으로 살지 마라

살아가는 것은 습관이다. 나이를 먹을수록 삶은 여유가 필요하다. 남들보다 삶을 빡빡하고 힘들게 살아가는 것은 그만큼 절박했기 때문이다. 평생을 절박하게 살아갈 필요는 없다.

너무 강하게 살아가도 그 강함 때문에 인생이 습관으로 길들여져서 행복이 닫히게 된다. 늘 먹고 사는 것이 같은 수준이라면 인생의 습관을 자신의 수준보다 위로 변화시켜라. 습관보다는 항상 긍정의 마인드로 살아가려고 노력해라. 항상 자신이 하는 일들에 대해서 해야만 한다는 습관보다도 이 일을 했을 경우 나에게 얻어지는 가치가 무엇인지를 살피고 행동해라.

❺ 마흔 전까지만 욕심을 부려라

직장 생활은 늘 뻔한 스토리가 있다. 그것에 얽매이지 말고 욕심을 부리지 마라. 지금의 것들을 포기하지 못하기 때문에 직장은 괴로운 것이다. 과한 욕심 때문에 한순간에 잃게 된다. 채울 수 있는 만큼만 욕심을 부리는 것이 삶을 여유 있게 사는 비결이다.

마흔 전까지는 욕심을 내고 그것을 위해서 모든 역량을 다 발휘해라. 그러지 않으면 훗날 자신이 해온 것들에 대해서 돌이켜 볼 수 있는 추억거리 조차 없게 된다. 그래야만 마흔 이후에 비로소 자신이 좋아하고 즐거운 것들을 맞이할 수 있게 된다. 마흔 이후에는 삶을 너무 괴롭게 살지 마라. 마흔이 되면 직장인은 한숨을 돌려야 한다.

그러기 위해서 마흔 전까지는 정신없이 뛰어보라. 그런 삶을 살아보게 되면 자신에게 어울리는 일들이 눈에 들어오게 되고 삶을 더욱 아름답게 가꾸고 소중하게 생각해야 할 것들이 생각나게 된다. 일만 열심히 하는 것이 아니라 자신에 있어서 소중한 것들을 찾게 되는 의미 있는 시간들이 다가온다는 것을 알자.

❻ 평생 일할 수 있는 것을 찾아라

회사는 멀지 않아 나가게 된다. 회사에 있는 동안에 자신이 평생 할 수 있는 것들에 투자를 해라. 회사에 너무 얽매여서 인생을 낭비하지는 말아라. 자신과 회사는 항상 같이 발전해야 한다. 그것을 위해서 회사에 너무 의존적이지 말라. 지금 회사를 나온다면 어떻게 할 것인지를 늘 고민하고 답을 구해라. 많은 사람들을 만나보고 다양한 사람들은 어떻게 살아가는지를 물어보아라.

회사라는 곳에 너무 자신이 집착하면 나이를 먹게 되면 상실감이 더욱 커진다. 다른 일을 한다는 생각을 해 본 적이 없는 사람들은 회사에 목숨을 걸 수밖에 없다. 언제까지나 사람은 영원할 수가 없다. 미련한 사람들은 지금의 일에 집착하지만 현명한 사람들은 자신이 가야 될 길에 대해서 알고 있기 때문에 집착하지 않는다.

그렇다고 지금의 일을 열심히 하지 말라는 것이 아니다. 늘 자신이 하고 있는 일이 최선의 모습인지를 생각하라는 것이다. 그러지 못하면 절대로 발전이 없다. 회사에서의 성과라는 것은 한순간에 무너지기도 한다. 그것은 너무도 당연한 것이다.

자신이 무엇을 할 것인지는 지금 최고점에 올라 있을 때 준비하는 것이다. 그것이 정답이다.

❼ 연봉을 올리기 위한 방법을 세워라

연봉은 그냥 주는 것이 아니다. 자신의 능력만큼 주는 것이 연봉이다. 자신의 연봉을 높이기 위해서 노력은 하지 않고 바라기만 한다면 연봉은 올라가기가 어렵다. 오히려 연봉이 깎이지 않는 것에 대해서 감사해야 한다. 직장인들은 연봉에 대한 환상이 많다. 그러나 연봉은 쉽게 올라가지 않는다. 자신이 정말로 회사를 위해서 일한 성과가 정당한 것인지를 판단해 보고 어떻게 하면 올릴 수 있을 것인지 방법을 고민해 보라.

연봉이라는 것은 직장인이 회사에 다니는 가장 중요한 목적의식이기도 하다. 하지만 연봉보다는 자신이 하는 일과 성취감을 더욱 중요하게 생각해 보라. 그것에 의해서 연봉은 얼마든지 올라갈 수가 있다. 연봉을 많이 받고 싶다면 우선은 자신이 하는 일이 얼마나 재미있고 부가적인 가치를 올릴 수 있는 일인지 판단해 보라. 부가적인 가치점이 없다면 과감하게 다른 진로를 생각하는 편이 낫다.

연봉을 올리려면 학습을 통해서 자신의 가치를 올리는 길이 최선이다. 배움을 통해서 연봉은 저절로 올라가게 된다. 새로운 일, 전문성 있는 일들을 하려면 당연히 배워야 하지 않겠는가? 자기 노력 없이 연봉만 바라보는 어리석은 직장인이 되지 말자.

❽ 성공한 사람들은 시간이 없다

남는 것이 시간인 사람들은 그만큼 시간도 빨리 지나가는 것을 느낀다. 반면에 성공한 사람들은 시간적 여유가 없다. 그만큼 할 일이 많다는 것이다. 시간은 아끼고 최대한 활용해야 한다. 하루를 일주일처럼 활용해라. 24시간 지나가는 시간을 함부로 낭비하지 마라. 시간을 자신의 몸처럼 여기고 소중하게 보내야만 남들보다 앞서 나가고 성공할 수 있다. 5분을 아끼면 10분의 시간이 자신에게 돌아온다는 생각을 가지고 돈보다 귀하게 활용해라.

❾ 돈은 기간을 정하고 저축해라

직장 생활을 하면서 저축하지 않으면 그만큼 남들보다 고생한다. 점점 직장 생활이 늘어날수록 지출은 많아진다. 일정한 기간을 정해놓고 저축하지 않으면 돈은 쉽게 모아지지 않는다. 돈을 저축할 수 있는 기간은 제한되어 있다. 급여는 저축하되 생활비는 다른 것들로 소득을 창출해라.

성공한 사람들은 돈의 영역을 확장한 사람들이다. 급여 외로 소득

을 창출한 후 다시 일정액이 모아지면 저축하고 다시 또 급여 외 소
득을 창출하는 방식으로 돈을 관리하면 나중에 큰 목돈이 생길 것
이다. 소득을 창출할 수 있는 것들에 대해서 관심을 가지고 저축하
는 습관을 가져야만 돈은 모아지게 된다.

❿ 직장의 마지막이 될 때를 예감해라

회사는 언젠가 나와야 된다. 그 시기가 언제인가를 분명하게 정해
라. 그렇지 않으면 오히려 준비 기간이 없어서 고생하게 된다. 젊고
역동적일 때 자신의 영역을 미리 구축해 놓으면 나중에 고생이 줄어
든다. 반면에 나이 들어 회사에서 나오게 되면 아무것도 할 수가 없
게 된다. 항상 마지막에 대해서 스스로 물어보고 준비해야 한다.

회사에서 원하지 않는 사람이 되지 말자. 회사에서 나이를 먹어도
구조조정 대상이 되지 않으려면 전문성을 높여야 한다. 갑작스럽게
회사를 나와서 고생하지 말고 나오는 기간을 예측하고 준비해야 퇴
직 후에 고생하지 않는다. 그 준비는 늘 마음속에 있어야만 한다.

화려한 스펙보다
더 중요한 것은 실행력이다

요즘 대다수 직장인들은 자신의 위치를 파리 목숨에 비유한다. 언
제 해고될지 모르는 하루살이 정도로 자신을 평가하기 때문이다. 왜
이런 생각들이 만연되어 있을까? 그것은 실제보다 더 부풀려진 자신
의 능력이 허수아비 능력이라는 사실을 알고 있기 때문이다.

직장인들이 겉은 풍부한 경력과 스펙 등으로 꾸며져 있지만 정작 사회에 나오면 그 분야에 있어서 전문가라는 소리를 듣기에는 턱없이 부족한 수준이 된다. 회사를 그만두고 사회에 나오면 돈벌이가 되는가를 판단해 보라.

내가 아는 A라는 후배는 얼마 전에 나에게 고민을 상담해 왔다. 후배는 남들이 부러워할 만한 스펙과 경력을 갖추고 있었다. 그런 후배가 고민이 있다고 하니 놀라지 않을 수가 없었다. 후배의 고민은 화려한 스펙은 되지만 실행력이 떨어진다는 것이었다. 기획을 하는 능력은 뛰어나지만 복사기나 팩스 하나도 실행하지 못한다는 것이었다. 자신보다 못한 스펙을 갖춘 동료들은 작은 부분이라도 실행을 하는데 자신은 보이지 않는 능력을 갖추지 못했다는 것이다.

대다수 직장인들이 회사를 다니는 동안에 앞으로의 변화에 대해서 크게 고민할 이유도 없었고 혁신을 실행할 의지도 부족했다. 그저 시간 가는 대로 남들 따라만 하면 능력자라는 생각을 갖추게 되었다. 하지만 이런 능력은 허상이고 아무 쓸모가 없다는 것이다.

취업을 위해서 스펙 쌓기에만 급급한 것과 마찬가지다. 실제로 자신의 역량과 능력을 받쳐줄 수 있는 노력들을 해야만 전문가라는 소리를 듣게 된다. 그러기 위해서는 남들 따라 하는 허수아비 능력을 갖추지 말고 제대로 된 능력을 갖추기 위한 직장인들의 과감한 변화와 실행력이 필요한 것이다.

우리나라는 구직자가 화려한 경력으로 이력서를 모두 채우면 대다수의 면접관들은 출중한 능력이 있다고 판단을 한다. 그런데 미국의 유명한 회사들은 단지 이력서를 보고 사람을 판단하지 않는다. 이력서는 단지 자신이 해온 결과물일 뿐이다. 현명한 기업은 이력서보다

구직자가 무엇을 할 수 있는지에 초점을 맞춘다는 것이다.

화려한 스펙의 소유자가 회사에 오면 배달을 해 본 경험, 판촉을 해 본 경험, 다양한 아르바이트를 해 본 경험자에게 밀리는 이유가 바로 실행력이 약하기 때문이다.

회사원들은 스펙에만 열을 올리지 말고 자신이 무엇을 할 수 있는지에 초점을 맞추고 준비해야 한다. 스펙만 화려하고 여러 가지 직무를 경험한 것 자체가 능력자로 볼 수는 없다. 스펙에 도움이 되는 경력을 이것저것 경험했다고 해서 과연 얼마나 활용이 가능하겠는가? 정말로 자신이 능력 있는 사람으로 변하기 위해서는 경험에 의존하지 말고 실제로 실행을 할 수 있어야 한다. 중요한 것은 성과를 올렸다고 능력자가 아니다. 실행을 통해서 성과를 올렸다면 자신에게는 어떤 역량이 있는지에 대해서 자신 있게 남들에게 설명할 수 있어야 한다. 무슨 일을 했느냐가 중요한 것이 아니라 어떻게 성과를 올렸느냐가 중요한 것이다. 그 능력을 자신이 갖추고 있다는 것을 인정받아야 한다. 직장인들은 아무리 말로만 능력을 갖추었다고 외친다 해도 사회에 나가서는 허수아비 능력으로 밖에는 통하지 못한다.

진정으로 변화를 수용하고 자신을 혁신하는 직장인이야말로 경쟁력을 갖춘 전문가라고 할 수 있을 것이다. 그것을 위해서 어떤 일을 했는지에 대해서 경력을 채우기보다는 역량을 개발하여 성과를 창출할 수 있는 것들에 대해서 관심을 가져라.

자기 계발은 포기하기 때문에
늘 다짐하는 것이다

사람은 누구나 공부를 해야만 새로운 것들을 받아들이게 된다. 그리고 자신을 발전시키지 못하면 늘 그대로인 수준에 머물러 있기 때문에 업무를 하다 보면 금방 한계를 드러내게 된다.

자기 계발은 학창 시절에 공부하는 습관과도 같다. 공부를 잘하는 학생들은 늘 꾸준하게 예습과 복습을 하기 때문에 상위권을 유지하지만 공부를 못하는 학생들은 이리저리 핑계를 대면서 준비하지 않는 습관을 가지게 된다.

하지만 시간은 누구에게나 공평하다. 공평한 시간마저 활용하지 않고 탓만 하면 발전하지 못한다. 자는 시간을 쪼개서라도 공부하는 사람들은 공부를 한다. 그렇지만 공부할 맘이 없는 사람들은 시간이 남아도 전혀 학습을 하지 않는다. 학생 때의 습관이 직장에서 까지도 답습이 되어 온 것이다. 결국 직장인들이 자기 계발을 못한다는 것은 핑계에 지나지 않는다. 아무리 업무량이 많다고 해도 자기 계발은 자신이 할 의지만 있다면 충분히 가능하다.

고등학교 때 밤 12시까지 공부하던 생각들을 해 보라. 직장 생활에서 그렇게 공부를 한다면 충분한 자기 계발을 하고도 남을 것이다. 아쉽게도 한 달 내내 책 한 권 읽지 않는 직장인들이 태반이다. 친한 동료들과 저녁 식사나 술 약속은 다들 하면서도 자기 계발을 위해서 약속하는 것은 뒷전이다.

술 먹는 것은 필히 빠져서는 안 된다는 생각들이 많지만 자기 계발에 투자하는 것은 가치가 없다고 생각하는 사람들이 태반이다. 과연 지금까지 그렇게 많은 사람들과 어울려서 술을 먹은 것들이 훗날 당신이 어려움에 처하게 될 때 어떤 도움을 받을 수 있겠는가? 생각만큼 도움을 받지 못한다.

내가 아는 A 부장은 자기 계발보다 술로 인간관계를 맺는 것이 더 중요하다고 생각하였다. 그러던 중에 갑작스럽게 회사를 나가게 되었는데 그렇게 중요하게 만나던 사람들이 모두 뒤돌아 서는 것들을 보았다. 회사 안에서의 인간관계는 지금 현재의 지위와 권력을 이용하려는 모습들뿐이다. 진정으로 도움을 받지는 못한다.

술 약속도 비즈니스와 연관되어 있다고 하지만 자신이 맘먹고 무슨 일이든 한다면 직장인들의 자기 계발은 충분히 시간을 내서 할 수 있는 것들이다.

이제부터라도 혁신적인 자세로 자기 계발을 시도해 보는 것이 필요하다. 입사 때 갖춘 지식을 가지고 10년, 20년 동안 똑같은 지식으로 승부를 하는 사람들은 결코 자신의 한계를 뛰어넘지 못한다.

자기 계발은 보통의 자기 관리로는 되지 못한다. 남들이 수행한 자기 계발에 대해서 아무것도 아니라고 평가하겠지만 막상 자신이 해본다면 얼마나 절제된 자기 관리가 필요한지를 깨닫게 된다.

자기 계발을 제대로 하는 사람들은 정말로 자신이 부족하다는 것을 깨달은 사람들이다. 부족함을 인식하기 때문에 노력하는 것이다. 아직도 자신의 위치를 깨닫지 못한 수많은 직장인들은 더 늦기 전에 핑계에 사로잡혀 있지 말고 자기 계발을 통해서 부족한 지식을 채워 넣는 혁신적인 직장인이 되기를 바란다.

긍정은 넓은 마음을 가지도록 한다

기회는 기다리는 것이 아니라
만들어가는 것이다

직장 생활을 하다 보면 승부가 갈리게 되는 중요한 전환점을 경험하게 된다. 그러나 수십 년을 회사 생활하더라도 전환점에 대해서 의미를 모른 채 살아가는 사람들도 많다.

사람이면 늘 같은 모습으로 살아가는 것에 대해서 한번쯤은 회의감을 느끼곤 한다. 자신이 꿈꿔 온 인생이 '이게 아닌데'라는 반감 정도가 있어야만 새로운 것들을 받아들인다. 그런데 자신의 인생에 대해서 고민하지 않는 사람들도 많다.

회사 생활에는 다양한 사람들이 있다. 그냥 직장 생활을 하는 사람들, 의무적으로 해야만 하는 사람들, 어떻게든지 할 수밖에 없는 사람들, 꼭 하고 싶은 사람들 등이 존재한다. 자신을 돌아볼 수 있는 기회를 가지고 발전하는 사람들은 생각의 차이가 분명히 있다.

전 세계적으로 성공한 직장인들을 분석한 한 보고서 결과에 따르면 상위 10%에 존재하는 사람들은 회사 생활을 통해서 자신의 전환점이 매우 많았다고 이야기를 한다. 반면에 하위 20%의 사람들은 전환점이라는 것 자체가 없었다고 한다. 그만큼 성공을 위해서 앞으로 나가기 위해서는 변화와 혁신은 필수적이라는 것이다.

성공을 위한다면 늘 같은 생각과 같은 일만 반복해서도 안 되고 늘 같은 사람만 만나서도 안 된다. 전환점이라는 자신에게 다가오는 새로운 생각과 기회를 가치 있게 만들어 가느냐가 중요하다는 것이다. 전환점은 자신에게 긍정적인 메시지를 통해서 느끼게 된다. 어렵고 정말 힘든 위기에 자신의 처지를 생각할 때, 여기가 끝이라는 생각으로 버티고자 할 때, 어렵고 힘든 난관에 봉착했을 때 느껴지는 상태 등을 경험해 보면서 전환점은 자연스럽게 자신에게 다가온다. 그런 고통과 고민들을 경험한 후 자신이 스스로 극복하게 될 때 비로소 전환점을 만들어 내게 된다.

회사 생활 자체가 왜 안 힘들겠는가? 탄탄대로를 가다가도 험난한 파도가 밀려오고 고통이 수반되는 일들이 비일비재한 곳이다. 그런 경험을 통해서 모두가 성공을 원하지는 않는다. 하지만 경험을 통해서 다른 일들을 하게 될지라도 자신에게 있어서 긍정적 가치관이 형성되었다면 그것만으로도 충분한 위안이 될 수 있다.

어떤 이들은 직장 생활이 고통과 절망의 삶이라고들 한다. 그것은 자신에게 욕구가 충족되지 못한 상태에서 늘 사람에게 쏠려서 직장 생활을 하기 때문이다. 누군가를 힘들게 하는 사람은 어느 직장에나 존재한다. 하지만 그 사람 때문에 자신의 직장 생활이 전부인 것처럼 행동하면 안 된다. 자신의 직장 생활은 소중한 것이고 더 넓고 더 많은 것들을 위해서 앞으로 나가야 하기 때문이다.

치료해 줄 수 있는
사람이 있다는 것은 행복하다

어떤 이들은 회사 생활이 즐겁지 않은 점, 미래에 대해서 확신이 들지 않는 점, 앞으로 인생을 살아가면서 더 많은 욕구와 꿈을 꿔야 함에도 그렇지 못할 것 같은 불안한 점 등등 회사 생활을 하면 할수록 이런 문제들이 점점 더 자신을 압박하게 된다.

하지만 이런 고민은 희망적인 고민이다. 자신이 좀 더 발전하고자 하는 목표점에 대해서 고민한다는 것은 스스로에게 지금보다 더 좋은 인생을 살아야 한다는 것을 깨우쳐 주기 때문이다. 그리고 이런 생각이 드는 것은 주변에 좋은 멘토들이 지속적으로 좋은 고민들을 던져 주기 때문이다.

내가 아는 A씨는 직장 생활을 하면서 심한 심리적 스트레스로 고민에 빠져 있었다. A씨가 맡은 영업 업무가 적성에 맞지 않았던 것이 스트레스의 원인이었다. 그리고 B씨는 상사와 자주 트러블이 생기면서 심한 스트레스로 이직을 고려하고 있었다.

이런 문제들은 직장인들 대다수 고민하고 있고 생각하고 있는 것들이다. 그러나 누구에게 하소연할 수도 없고 스트레스를 풀기도 어려운 처지가 대부분이다.

그런데 이런 부분에 대해서 속으로만 안고 있기보다는 자신과 친밀도가 높은 멘토에게 털어놓고 고민을 상담해 보는 것이 현명하다.

멘토는 자신이 경험했던 것들에 대해서 어느 정도 답을 알고 있고
충동적이고 극단적인 행동을 하지 않도록 하는데 도움을 준다. 그
래서 직장인들도 전문가의 도움이 절실히 필요하다. 그런데 우리 직
장인들은 도움을 요청할 곳이 마땅하지 않은 것이 현실이다. 상처를
치료하지 못한 채 지내다가 어느 날 갑자기 악화된 병으로 일어나지
못하는 상태가 된다.

그냥 넘기기에는 너무 위험한 상태까지 온 주위 직장인들이 너무
도 많다. 날카롭고 심리적으로 예민해진 상태를 스스로 알지 못하고
더욱더 경쟁심리만 높여 가고 있는 요즘 같은 시대에 직장인들의 병
을 스스로 깨닫기에는 너무 어려운 일일 것이다.

문제는 젊은 나이에 평론가적인 태도를 취하고 스스로를 안주하고
위로하는 맘들이다. 지금이라도 괜찮다는 생각, 더 높이 올라가 봤
자 얼마 못 갈 것이라는 단정적인 생각, 사람에 대해서 헐뜯는 생각,
자신만이 최고이기 때문에 남은 상관없다고 생각하는 것들이다. 이
런 생각이 드는 이유는 주위에 늘 불만과 불평에 사로잡혀 있는 사
람들이 존재하기 때문이다. 입사 초기에는 주위 사람들로부터 영향
을 많이 받게 된다.

이런 태도는 주변에서 멘토의 영향을 거의 받지 못한 채 잘못된
태도의 선배들을 바라보면서 오히려 악영향을 미치는 경우라고 볼
수 있다. 평론가형 사람들에게 이야기를 자주 듣게 되면 자신도 모
른 채 스스로 부정적인 사고들이 만연되게 된다.

누구 때문에 안 되는 점, 사람에 대해서 지적하는 점, 정치적인 성
향을 가지는 점 등 대다수 사람들이 처음부터 이런 태도를 가지지는
않는다. 이런 마인드를 가진 사람들은 대다수 자신도 윗 선배들로부

터 잘못된 방식으로 일하는 태도를 배웠기 때문이다.

입사 후 쭉 이런 부류의 사람들과 함께한다면 자신도 모르게 저절로 평론가형의 실행력 부족한 정치적인 사람으로 남을지도 모른다.

좋은 회사 생활은 좋은 멘토가 건전한 삶의 희망적 이야기를 해 주고 자신에게 어떻게 하면 긍정적으로 발전할 수 있을지를 늘 고민해 주는 것이다.

악착같이 해 봐야 하지 않을까?

욕심을 버리지 못하는 것은
존재감이 없기 때문이다

직장 생활 노하우를 알려 주는 책은 즐비하다. 시중의 자기 계발서 중에서 틀린 말은 하나도 없다. 감동을 전달받은 책들은 정말로 많이 팔려서 큰 인기를 얻기도 한다. 그런데 언제까지나 인기 있는 책만 읽고 감동만 전달받으려고 한다면 발전하지 못한다. 그리고 책의 가치는 많이 팔렸다고 해서 평가받는 것이 아니다. 많은 독자들을 대상으로 책을 판매할 수도 있겠지만 특정한 사람들을 위해서 준비된 책들도 많다. 그런 책들이 오히려 더 소중한 것이다.

나는 직장 생활을 잘하는 방법을 전달하고 싶지는 않다. 그것은 어찌 되건 별로 도움이 되지 않을 것 같다. 누구나 직장 생활을 하면서 방법을 몰라서 못하는 경우는 없다. 단지 내가 하는 것들에서 노력을 하지 않고 좀 더 쉬운 길은 없을까라는 고민 속에서 스트레스는 증가된다.

　요즘은 욕심만 많아지는 증후군에 걸린 사람들이 너무도 많다. 이 것도 해야 되고 저것도 해야 되는 욕심증후군에 걸린 직장인은 매사가 바쁘고 피곤하다. 욕심증후군에 사로잡혀서 노력 없이 얻고자 하는 것만 생각한다면 제대로 된 직장 생활을 할 수가 없다. 자신이 원하는 것을 구하더라도 또 다른 욕심에 사로잡혀서 노하우나 방법들을 빨리 배우고 싶어 한다.

　노하우라는 것은 어디에든지 있다. 하지만 그 노하우를 너무 쉽게 빠르게 익히기만 한다면 오히려 자신에게는 좋지 못한 결과가 초래된다. 내가 직장 생활을 해서 얻은 교훈은 딱 한 가지다. 노력하지 않으면 직장 생활에서는 답이 없다는 것이다. 아무리 머리가 뛰어나고 좋은 학벌을 가졌어도 노력 없이는 무용지물이다.

　요즘은 무엇이든지 쉬운 길을 택하려는 것들이 만연된 사회다. 그렇지만 직장 생활을 하는 마음가짐은 빠르고 쉽게 해결하려는 마음을 버리지 못하면 직장 생활 자체가 매우 지겨워진다.

　직장 생활은 자신만 열심히 한다고 해서 성과를 이룰 수 있는 곳도 아니다. 직장은 그야말로 내 스스로를 버릴 줄 알아야 한다. 때로는 남들과 함께 가야 하는 길을 택해야 할 때도 있다.

　직장 생활은 꾸준하게 잘하는 것이 다가 아니다. 어떤 사람들은 명퇴의 아픔을 경험하기도 하고 어떤 사람들은 이직을 했다가 실패해서 남다른 고통으로 시간을 지내보기도 하는 그런 우여곡절의 직장 생활이 오히려 더 매력적일 수 있다. 왜냐하면 고통이 수반되기 때문이다. 잠시 잠깐이라도 그런 고통은 삶을 더욱 신중하게 하고 교만하지 않게 만든다. 그런 경험이 왔을 때 자신에게 어떻게 대처해야 되는지가 더 소중한 경험일 것이다. 직장도 마찬가지로 영원한 것은 없다. 영원히 누릴 것 같아도 언제까지나 그 자리를 영원히 지키지 못한다는 사실을 깨닫는 순간 바로 직장의 달인이 된다.

직장은 정말로 자신이 한 만큼의 성과를 돌려받는 곳이기도 하지만 철저하게 자신을 컨트롤하고 묵묵히 가는 길에 대해서 의문을 갖지 않으면 금방 낙오되는 곳이기도 하다.

마흔 전에는 직장 생활이라는 것들이 그리 아름답지 않다고 느낄 수가 있다. 요즘은 일보다도 삶 자체가 각박해지면서 직장이 돈을 버는 수단으로 전락했기 때문이다. 그러나 직장 생활을 너무 단조롭게 결정하기보다는 자신이 이루고자 하는 목표를 만들고 채워 나가는 삶을 살아간다면 매력적인 경험이 될 수도 있음을 잊지 말자.

여기에서는 한 가지만 기억해라. 직장 생활을 행복하게 하기 위해서는 욕심을 버리고 노력을 하라는 것이다. 욕심은 끝이 없다. 노력 없이 욕심만 늘어가는 직장인들은 피곤한 직장 생활의 연속이 된다. 차라리 욕심을 과감하게 버리고 오늘부터 노력하는 것들에 힘을 기울여라. 욕심을 타파하지 못하면 직장 생활 내내 욕심만 부리다가 피곤한 인생을 살게 된다.

이기려면 벼랑 끝에서
독을 품어라

열정을 다하는 모습을 보면 윗사람들은 도와주고 싶은 맘이 든다. 그 열정이라는 것의 의미는 대다수가 잘 알지만 지속적인 열정이 생기기는 어렵다. 회사에서 열정적으로 일하는 사람들은 신입 사원들이다. 열정을 올리는 신입 사원들은 그 방법들을 잘 알고 있다. 신입 사원처럼 알고 싶고 배우고 싶은 맘이 든다면 매달려야만 한다. 배우려는 사람들에게 한 가지라도 더 알려주는 것이 세상 사람들의 이치다.

성공하는 대다수의 사람들은 끝까지 매달리고 탐구하는 사람들이다. 정말로 상대방이 귀찮고 짜증스럽더라도 매달리는 사람들에게는 도움을 주게 마련이다. 쉽게 포기하고 쉬운 길을 얻으려고 한다면 누구에게도 도움의 손길은 오지 않는다.

몇십 번이고 질문하고 궁금한 것들에 대해서 물어보라. 그것밖에는 당신이 알 수 있는 길은 없다. 자존심이라는 것은 지킬 수 있을 때 필요한 것이다. 회사에서는 자존심 따위는 필요하지 않는다. 대다수 나이가 많은 사람들은 젊은 사람들에게 배울 것이 없다고 생각한다. 하지만 이는 크게 잘못된 생각이다. 배우는데 나이는 중요하지 않다. 나이가 많더라도 젊은 사람에게 필요한 능력을 배우고자 한다면 열정적으로 대우해 주고 질문을 던져라. 그렇게 하면 당신도 충분히 남을 위해서 가르치는 일을 할 수 있을 것이다.

그런데 배우고자 하는 맘이 없다면 지금의 위치에서 한 발짝도 앞으로 나갈 수가 없다. 자존심 따위를 생각하지 말고 더 큰 것들을 얻을 수 있다는 생각을 해라.

그러나 배우지 못하는데 자존심을 버린다면 그것은 자존심을 지키라고 말하고 싶다. 배움 속에는 자존심을 버리되 배우지 못하는 것들에 대해서는 자존심을 지키는 현명한 직장인이 되기 바란다.

직장 생활을 하다 보면 갑과 을의 관계를 생각하게 된다. 지킬 것은 지키면서 자신에게 어떤 가치를 전달해 주는지를 판단해보면 진정으로 머리 숙이는 것이 아깝지 않다는 것을 느끼게 될 것이다.

자신이 무엇인가를 얻기 위해서는 자신의 부족함을 알리고 도움을 요청해 보라. 그러면 당신에게 누군가는 도움을 줄 것이다. 그 진정성을 표현해 보면 반드시 누군가에게서 도움을 받을 수 있는 길들이 열리게 된다.

해 보지도 않고 포기하는 것은 정말로 세상을 쉽게 살아가겠다는 타협이다. 이루고자 하는 목표점을 위해서 도전할 때 안 되는 것은 당연한 것이다. 그것들을 이루기 위해서 어떠한 노력을 하고 이룩하기 위한 과정을 터득하면서 배워 나가는 것이 결국은 성공으로 이끄는 지름길이 된다. 특히 궁금한 점을 자주 질문하고 요청해라. 그것이 창피하다고 생각하지 말고 끝까지 하는 질긴 사람으로 낙인찍히도록 노력하라는 뜻이다. 처음부터 잘하는 사람은 없다. 알고자 노력하는 사람들에게는 당하지 못하는 것이다. 가만히 자신에게 먹이를 물어다 줄 것 같은 표정을 하지 말고 적극적으로 먹이를 잡는 방법을 물어보기 바란다.

회사는 선택받은 자들이 커 나간다고 생각하지만 그 선택을 적극적으로 자신의 것으로 만들어 나가면 된다. 자신감을 가지고 적극적으로 먹이를 위해서 찾아 나선다면 먹이를 가져다주는 많은 사람들이 방법을 알려줄 것이다.

가능성과 도전 정신으로 얻어라

작은 것도 실행하지 못하는데
어찌 큰 것을 얻는가?

직장 생활에서 30년을 근무했다고 해도 단 6개월을 근무한 신참내기 심정을 알 수는 없다. 심정에 대해서 위로는 할 수 있겠지만 직장만큼은 스스로 습득하고 배우지 못하면 커 나갈 수가 없는 곳이다. 완벽하지 못하면 금방 퇴출되는 곳이 직장이다. 경력이 오래되어 팀장으로 승진한 대다수의 사람들은 관리자의 마인드를 가지게 된다. 그런데 관리자가 되는 순간 자신을 더욱 채찍질하지 않으면 금방 경쟁력을 잃게 된다.

그것은 실행력이 떨어지기 때문이다. 대다수 경력이 화려한 관리직의 직장인들은 이론에 강하지만 실행력이 약하다. 그래서 때론 실행이 강한 신참내기한테도 지는 것이 상사들이다.

직장 생활을 오랫동안 해왔어도 여러 사람 앞에서 강의를 하거나 자신의 의사표현을 잘하지 못하는 사람들이 있다. 그것은 당연한 일이다. 이런 상황은 상사라도 경험하지 못해서 발생되는 문제들이다. 흔히 직장 생활을 오랫동안 하면 모든 것들에 대해서 잘 알고 실행을 잘할 것이라는 착각에 빠져 있다. 그러나 실제로 자신이 해온 것에 대해서는 기가 막히게 잘하는데 다른 것들에 대해서는 잘 모르고 실행이 되지 않는 사람들이 상당히 많다는 것이다.

실행을 못하는 것은 직장 생활에서는 큰 약점이다. 그것들을 숨기고 살아오다가 어느 날 그런 능력이 부족하다는 것을 알게 될 때쯤 회사에서 나오게 되는 순간이다. 숨긴다고 숨겨지는 것들이 아니기 때문이다. 리더가 되려면 실행에 목숨을 걸어야만 한다. 최소한 리더는 다른 사람 앞에서 자신의 의사표현에 능숙해야 한다.

그래서 직장은 경력이 아무리 많다고 해도 어린아이 껌 씹는 것에도 못 미치는 수준이 될 수도 있는 것이다. 직장 경험이 많아질수록 나는 무엇이든지 할 수 있다는 자신감을 가지게 된다. 관리자라는 생각들이 많아지기 때문이다. 나는 관리를 하는 사람이고 실행하는 사람들은 따로 있다는 생각이 있기 때문에 자신의 능력이 떨어지는 것도 깨닫지 못하게 된다.

직급이 올라가고 경력이 많아지게 되면 관리자로서 책임이 주어진다. 하지만 나는 관리자라는 타이틀이 과연 자신에게 어떤 반응을 일으키는지를 살펴보아야 한다. 관리자가 되는 순간 몸은 나태해지고 관리하고자 하는 마인드들이 생겨나서 실행력은 떨어지게 된다.

관리자가 되는 순간 자신은 관리자의 마인드에서 벗어나지 못한다. 그것이 직장인의 경쟁력을 한순간에 잃는 지름길로 만드는 것이다. 관리자로 성공하기 위해서는 관리하는 법을 배우면 된다. 그러나 그 관리하는 법이 성공을 지속적으로 보장해 주지 못한다.

한순간에 조직에서 밀려날 수도 있고 관리자의 정치적인 싸움에서 희생양이 되기도 한다. 관리자가 되는 순간 보상받는 것들이 많아지지만 책임도 늘어나게 된다. 당신이 가는 길에 있어서 관리자가 과연 어떤 긍정적인 것들을 줄 수 있는지를 판단해 보라.

차라리 평생 실무업무를 하면서 관리자의 역할을 택해라. 그것이 오랫동안 자신을 발전시키고 유지할 수 있는 힘을 만들어 준다. 관리자가 되더라도 절대로 실무에서 손을 놓지 마라. 대기업의 임원들은 요즘 실무형 임원들이 많다. 실무업무도 직접 진행하고 관리자의 역할도 수행하게 된다. 임원들이 실무업무를 한다고 해서 부하 직원들의 밥그릇까지 빼앗는 격이 될 수도 있겠지만 임원의 역할 측면에서 앞으로 세부적인 업무까지도 임원이 알지 못하면 조직사회에서 후퇴된다는 사고를 가져야 한다.

회사가 다르게 보이기 시작한다면 늦은 것이다

어느 순간부터 자신이 회사를 바라보는 기준과 태도가 달라졌다면 이제 슬슬 나이를 먹었다는 뜻이다. 회사에 대해서 그렇게 불평불만하고 좋지 않게 시선을 보이던 대다수의 사람들이 어느 순간부터 회사에 대해서 불평불만이 없어지고 고마운 마음까지 드는 때가 있다.

자존심을 내세웠던 대다수의 직장인들이 마흔 중반을 넘기 시작하면 불평불만이 줄어든다. 회사에 대해서 충성하기보다는 적당히 타협하여 남은 기간 안정적으로 회사 생활을 해야 하기 때문이다.

마흔 중반 이후에 회사에 대한 충성도가 높지 않으면 그 이후의 자리는 보존 받기 어렵다. 그래서 직장 생활의 한계는 마흔 중반까지이고 그 이후의 기간은 자신이 얼마나 회사에 충성을 보이고 윗선에 잘 보이냐에 따라서 생명선이 연장된다.

그렇게까지 하면서 직장 생활을 유지하려는 이유는 당연히 가족의 생계 때문이다. 자아를 위해서, 가치를 위해서 모든 것은 그 나이대가 되면 허황된 말들이다. 자식의 생계가 달려 있는 사람들이라는 측면에서 회사에 대해 불평을 늘어놓거나 좋지 않은 이야기들을 감히 할 수가 없다. 마흔 이후는 팀장으로서 조직을 책임지는 보직을 맡게 된다. 보직을 맡지 못하고 남게 되면 그때부터 낙오자로 전락하게 된다. 이때 대다수 직장인들은 조직에서 나오게 된다. 나오기까지 고심이 많지만 결정은 한순간에 하게 된다.

회사에서 입을 닫고 사는 사람들은 이미 아는 것들도 말하지 않는다. 마흔 중반 이후가 되면 벙어리가 되는 것은 당연한 것이다. 그런데 그런 직장 생활이 과연 즐거울 것인가? 끝까지 가고자 한다면 눈치를 보면서 조용히 지내는 것이 아니라 자신이 하는 일의 가치를 인정받고 끝까지 가야 즐겁지 않겠는가?

요즘, 쉰 살 넘긴 직장인을 찾기란 쉽지가 않다. 쉰 살에 근접되면 조직에서는 자리의 한계가 있기 때문에 눈치를 보다가 회사를 나올 수밖에 없는 처지가 된다. 회사에서 부하 직원이 어느새 자신보다 먼저 승진하는 모습들을 보는 것은 전혀 새로운 일이 아니다. 요즘 같은 시대에는 평범한 직장인이 쉰 살까지 회사를 다닌다는 것 자체는 어찌 보면 불가능한 현상이다. 아무리 능력이 있는 사람이더라도 조직은 능력만 가지고 평가받지 못한다.

그렇다면 당신은 어떤 생각이 드는가? 치열하게 조직에서 자신의 몸을 담그기 위해서 노력하겠는가? 아니면 다른 길을 찾아 나서겠는가? 누구나 마찬가지로 조직의 생리를 알고 있지만 생각만큼 쉽게 미래에 대해서 준비하지 못한다. 마치 사업을 하다가 자신이 망해가는 것을 쉽게 인지하지 못하는 것과 같다. 사업가들은 사업을 정리할 때쯤 망했다는 것을 인정하곤 한다. 미래의 길이 어둡다고 해서 포기하고 다른 길로 접어드는 것은 정말로 어리석은 일이다.

회사에서 성장하는 사람들, 없어서는 안 될 사람들로 여기는 사람들은 대다수가 탁월한 자기 계발과 자기 노력으로 인정받는 사람들이다. 일만 열심히 해서는 절대로 성공을 보장받지 못한다. 자신의 경쟁력이 우월해야만 조직 생활을 주도적으로 할 수 있다. 그것은 남들처럼 해서는 될 수가 없다. 자신이 회사를 끌고 나갈 수 있는 자신만의 탁월한 경쟁력을 어떻게 갖출 것인가에 대해서 수없이 고민해야만 가능하다.

지나간 길은 누군가에게 흔적이 된다

당신의 이미지를
상대방이 기억하고 있다

사람의 이미지는 절대 변하지 않는다. 사람은 누구나 떠오르는 이미지로 인해서 손해를 볼 수도 있고 이익을 볼 수도 있다. 하지만 이미지라는 것은 단기간에는 숨기기 쉬워도 오랫동안 함께 해온 사람들이 느끼는 이미지를 바꾸기란 어렵다. 이미지라는 것은 자신이 노력한다고 바뀌지는 않는다. 짧은 기간 동안에는 바뀔지 몰라도 성격상에 드러나 있는 이미지를 바꾼다는 것은 어렵다.

회사에서도 첫인상이 좋아서 끌리는 사람들이 있다. 하지만 첫인상이 좋은 것은 그만큼 겉으로 드러난 이미지가 가공되었거나 상대방이 미처 보지 못하는 부분이 가려져 있을 가능성도 많다.

어찌 되었든 간에 회사라는 조직은 이미지가 매우 중요하다. 일을 잘하건 못하건 풍기는 이미지에서 늘 사람들은 평가를 하고 있기 때문이다. 그리고 그 이미지가 좋은 이미지로 풍긴다면 어떤 일을 하든 간에 플러스 요인이 될 것이다. 반면에 이미지가 좋지 않으면 아무리 성과를 올린다고 해도 주위에서 좋게 평가하지 않는다.

이러한 이미지는 회사 생활에서 상당히 중요한 요소로 차지한다. 직장 생활을 하게 되면 이미지를 변화시키기 위해서 겉으로 속과 다른 행동을 하는 사람들도 많다. 하지만 그런 노력은 이미지를 변화시키고 나름대로 노력한 점을 인정받을 수 있다. 이미지를 바꿀 수 있는 힘은 노력하는 모습을 보여준다는 것이다.

아무리 성과가 낮더라도 열심히 노력하는 모습을 보인다면 자신의 이미지를 바꿀 수 있다. 노력하는 모습은 이미지뿐만 아니라 자신을 바라보는 많은 사람들에게 강인한 인상을 남긴다.

특히 조직 생활에서는 노력하는 모습을 통해서 이미지를 개선시키는 사람들이 의외로 많다. 학창 시절에 공부를 조금 못하더라도 성실성을 인정받는 학생들은 나중에 사회생활에서도 성실성을 크게 본다. 반면에 공부는 좀 잘해도 성실하지 않고 노력하지 않는 모습을 보인다면 주위에서도 평판이 좋을 리가 없다.

그만큼 조직 사회에서는 성과도 중요하지만 사람들이 바라보는 자신의 이미지를 어떻게 개선하고 관리하느냐에 따라서 기회가 달라진다. 회사에서는 나쁜 이미지든지 좋은 이미지든지 노력하는 모습을 얼마나 보이느냐에 따라서 함께 하고자 하는 마음이 든다. 아무리 못된 이미지를 보이더라도 노력하는 자에게는 비난의 화살을 보내지 못한다.

친한 동료가
때로는 적을 만들어줄 수 있다

　회사 생활에서 유독 친한 동료가 한두 명쯤은 있다. 동료를 사귀는 것은 당연히 좋다. 하지만 동료 관계가 자칫 타인이 바라볼 때는 심각한 거부감을 일으킬 수도 있다. 매일 둘만 다닌다거나 떼를 지어서 몇 명씩 다닌다거나 하는 것들에 대해서 회사는 좋은 모습으로 봐주지 않는다. 왜냐하면 회사는 노사 문제에 각별한 관심을 가지기 때문이다. 조직은 회사 이야기를 늘 하는 사람들에 대해서 관심을 갖고 있다. 그리고 여러 사람들이 어울리는 모습은 회사에 대해서 좋지 않은 이야기들이 오고 간다는 사실에 대해서 알고 있기 때문에 매우 민감하다.

　회사의 인사부서에서는 당신이 누구와 이야기를 하고 누구와 함께 다니는지가 주요 관심사다. 노사 관계를 항상 점검하고 동향을 보고하는 것이 인사부서의 역할이기 때문이다.

　친한 동료들과 늘 같이 다니고 같이 이야기 나누고 하는 사실이 아무리 좋은 관계라고 해도 조직은 뜻하지 않게 좋은 모습으로 바라보지 않는다는 것을 명심해라.

　그리고 보고자가 다른 색안경을 끼고 보고하는 것에 따라서 상위자는 따라간다는 것을 알아야 한다. 보고자는 성과를 올리기 위해서 때로는 직원 개인을 희생하도록 만들기 때문이다.

　회사의 이메일, 메신저 등에 대해서도 가급적이면 특정인과 자주 대화하지 않는 것이 좋다. 회사의 이메일, 메신저는 항상 기록으로 남기 때문이다. 회사에서 이루어지는 모든 것들은 감시의 대상이라는 것을 잊지 말아라. 그리고 회사는 일이 발생할 때마다 특정인의 관계에 대해서 살피는 것을 첫 번째로 한다. 즉, 회사에서 이슈가 발생되면 가장 잘 파악할 수 있는 것부터 우선순위로 파악한다.

평소 친하게 다니는 사람, 평소에 자주 대화하는 사람들에 대해서 무슨 일이 벌어지고 있는지 관심사라는 것이다.

친하다는 것은 그만큼 비밀 없이 모든 것들을 털어놓는 관계로 발전하게 되는데 그 관계가 회사에서는 모두 관리의 대상이라는 것이다. 특히, 회사에서 주요 제도들이 실행될 때 직원들이 어떤 태도를 취하는지에 대해서 관심이 많다. 그럴 때 주로 사용하는 것들이 친한 사람들 간에 어울리는 사람들의 대화나 이슈에 대해서 관심을 갖는다는 것이다. 둘만 모여도 회사에 불평불만을 하는 것쯤은 경영자뿐만 아니라 누구든지 알 수 있다. 특정인과 너무 자주 모여서 말하는 것 자체에 대해서 회사는 매우 거북스럽게 지켜본다는 사실을 잊지 말자. 아무리 절친한 관계라고 해도 불필요한 오해를 삼는 행동을 하지 말기 바란다.

우리가 원하는 목표를 정해야 한다

사장이 뛰는 회사는
성공 가능성이 충분하다

회사는 이익을 내기 위해서 존재하는 곳이다. 경영자들은 이익을 위해서는 무조건 쥐어짜고 더 추궁하고 더 혼내야만 직원들이 일하게 된다고 생각한다. 요즘 젊은 사람들에게는 말도 안 된다는 생각이지만 사실 회사는 늘 이렇다.

성과라는 것은 운이 좋게 내가 하지 않아도 저절로 되는 경우도 있고 안 되는 영역에서 어떻게든지 되도록 만들어 가야 하는 영역도 있다. 그런데 경영자들 대다수는 성과를 올리려면 직원들을 쥐어짜야만 나온다는 철학이 강하다. 회사는 부서에 따라서 힘든 부서가 정해져 있다. 재수 없게 성과 없는 부서에 배치되면 입사부터 퇴직 때까지 고달픈 직장 생활의 연속이 될 것이다. 퇴사를 반복해도 회사는 꿈쩍도 하지 않는다. 과연 몰라서 그럴까?

그런데 이런 회사는 특징이 있다. 직원들을 쥐어짜는 회사의 특징은 경영자가 움직이지 않는다는 것이다. 자신이 해야 할 역할을 부하 직원들에게 떠넘기는 경영이 너무도 많다.

내가 아는 A씨는 얼마 전에 중소기업 대표로 자리를 옮겼다. 그곳에서 초기 느낀 점은 전임 회사 사장이 너무 직원들을 못살게 할 정도로 쥐어짰다는 것이다. 그래서 사기도 저하되어 있고 많은 직원들이 회사를 떠났다는 것이다. 첫날 한 임원이 A 대표에게 이렇게 말했다고 한다. '사장님은 왜 이 회사를 인수하셨습니까?', '보시다시피 직원들도 나이를 먹고 더 이상 일할 의욕도 없는 상태입니다. 그냥 시키는 것만 하는 사람들입니다.'

A 대표가 회사를 인수한 목적은 성장을 할 수 있는 기회들이 많았기 때문이었다. 그런데 직원들은 그렇게 생각하지 않았다. 그래서 A 대표는 자신이 직접 영업을 하겠다고 선언했다. 직원들을 못살게 구는 대표가 아니라 직원들의 월급을 책임지는 대표가 되기 위해서 자신이 직접 실적을 챙기겠다는 의지였다. 그래서 A 대표는 영업을 스스로 뛰기 시작했고 물량은 점점 늘어나게 되었다. 나갔던 직원들도 한두 명씩 들어오기 시작했다. 몇 년이 지난 지금은 그 당시 적자였던 회사가 흑자로 전환이 되었고 직원 수도 2배로 증가되었다. 완전히 다른 회사로 변모한 것이다.

나는 이런 것을 보면서 회사는 직원들을 혼내고 시키는 성과관리가 아니라 오너나 대표가 직접 회사를 위해 얼마나 뛰는가에 따라서 성과가 달라진다는 것을 느꼈다.

정말로 좋은 회사에 다니는 사람들은 대표가 적극적으로 영업 현장을 누비면서 실적을 챙겨오는 마인드를 가졌다는 것이다. 오너가 뛰지 않고 임원을 쥐어짜게 하고, 임원은 팀장들을 쥐어짜게 하여 회사에서 어떻게든지 쥐어짜서 성과를 올리게 하는 회사는 있어봤자 배울 것이 없다. 그 기업에 오너를 보면 기업이 발전하는지 퇴보하는지 알 수 있다. 오너가 직접 영업 현장을 누비면서 성과를 끌고오는 역할을 하는지를 분명히 살펴보라. 회사에서 되지도 않는 실적에 얽매여서 쥐어짜야만 성과가 나온다는 사고로 일하는 조직에서는 답이 없다. 흔히들 그래도 팀장이 쥐어짜는 것은 우리 회사뿐만아니라 다른 곳도 마찬가지라고 판단하겠지만 그렇지는 않다.

회사 생활이 재미없는 이유는 바로 근본적으로 이런 회사에서 일하기 때문이다. 팀장 개인의 문제라고 판단할 수 있지만 혼내는 팀장은 혼나기 때문에 혼내는 것이다. 항상 오너나 관리자가 어떠한 비전을 제공해 주는지를 판단해라. 그렇지 않고 가져다주는 것만 먹는오너나 관리자들에게 시간을 허비할 이유가 없다. 좋은 인재들은 훌륭한 경영자 밑에 많이 있는 법이다. 끝까지 가는 직장인들은 직접발로 뛰는 경영자 밑에서 일을 배우고 실행으로 옮기면서 능력을 인정받는 사람들이다. 절대로 쥐어짜는 역할을 감당하면서 자신의 가치점을 잃어버린 채 일하는 사람들이 아님을 잊지 말자.

평생 일하려면
승진을 목표로 일하지 마라

직장 생활에서 임원 이상이 된 사람들은 상사와 죽음까지도 같이 따라가겠다는 열정을 보인 사람들이다. 그런데 세상에 그럴 사람들이 얼마나 되겠는가? 겉으로 드러난 진전성이 과연 얼마나 있는 지는 모르겠다. 일제시대 우리나라는 일본의 지배를 36년간 받았을 때 대다수 친일파들이 득세하여 권한을 누렸다. 1910년 헌병 인원 2,019명 중에서 조선인이 1,000여 명으로 절반이었고 대다수 이들 은 일본 헌병의 앞잡이 노릇을 했다.

치욕스러운 역사라서 일제시대 역사 속에서 또 다른 적들이 숨겨 져 있었는데 권력 앞에서는 어떤 사람들이라도 변절자가 되는 경우 가 많다. 기업 역시 마찬가지다. 임원이 되기 위해서는 엄청난 경쟁 과 전략이 들어가 있지 못하면 근처에도 가지 못한다. 그리고 수많 은 사람들로부터 공격의 대상이 된다.

그런데 그런 혹독하고 훈련된 과정들을 거쳐서 승진을 하게 되면 결국은 몇 년간 회사를 다니다가 나오게 된다. 얼마나 오랫동안 있 을 수 있냐는 것은 회사가 잘 성장하느냐에 따라 달려있다. 재수 없 게 회사가 잘 나가다가 자신이 임원 자리에 올라가야 될 때 불황이 면 그대로 주저앉게 된다.

임원이 되기 위해서 변절을 하게 되고 상대방을 누르는 경우도 비 일비재하게 많다. 차라리 개인의 역량을 다른 곳에 집중하는 것이 회 사 생활을 더 편안하게 할 수 있는 방법이다. 꼭 승진에 목숨을 걸고 권력을 쟁취하고자 한다면 반드시 조직 내에서는 오래 버티지 못한 다. 변절자를 만나게 되거나 때로는 조직 내에서 권력의 틈바구니에 서 썩 좋은 평가를 받지 못한 채 조직에서 나오게 될지도 모른다.

자신의 전문성을 높여서 전문가 반열에 올라가는 일을 하는 것이 더 낫다. 승진과는 관계가 없이 전문성을 바탕으로 영역을 갖추는 스페셜 리스트들이다. 자리싸움에 시간을 낭비할 필요가 없이 자신이 계속적으로 수평적 마인드를 가지고 회사 생활을 할 수 있는 것들을 찾아 나서기 바란다. 그렇지 않게 되면 조직의 서열관계 때문에 자신이 뜻하지도 않았는데 빨리 조기 퇴직하는 경우를 경험하게 될 것이다.

조직에서 끝까지 가는 힘은 경쟁을 통해서 상대방과 싸우는 것이 아니라 상대방을 내 편으로 만들고 내가 하는 일에 대해서 전문성을 확보하여 의사 결정에 영향을 미치는 정도면 된다. 큰 조직을 이끌고 성과를 크게 가져가야 한다는 생각으로 회사 생활을 하는 시대는 지났다.

회사가 성장해야 자리가 그만큼 많이 생기기 때문이다. 그런데 대다수 회사들은 마찬가지지만 자리가 많지가 않다. 아무리 잘나가는 회사라고 해도 과거처럼 지속적인 성장이 되지 못한다. 특히 과거에는 잘나갔던 회사들이 실적 악화로 조직의 균형이 무너지는 현상들이 많아지고 있다. 요즘은 공채 기수를 따지 않는다. 과거에는 공채 기수를 통해서 조직의 서열이 정해져 있었다. 하지만 조직이 어느 순간에 무너질지도 모르는 상황에서 신입 직원을 대거 뽑을 형편이 되지 못한다. 그래서 경력 사원이 우후죽순 들어오고 나가고 하는 현실이다. 왜냐하면 빨리 성과를 올려야 하기 때문이다. 그래서 어느 기업은 대다수 직원들이 경력 직원으로 채워지는 경우가 많다. 특히 발전의 속도가 빠르거나 빠른 산업의 경쟁을 위해서는 경력직이 필수다. 경력직을 서로 데려가려고 안간힘을 쓰는 모습은 주위에서 자주 볼 수 있는 일이다.

대기업들이 그만큼 요즘은 빠른 속도로 인력 채용의 균형이 바뀌어 가고 있다. 어느 날 갑자기 조직의 장이 스카우트된 경쟁사 임원이 올 수도 있고 부하 직원이 갑자기 팀장으로 올라설 수도 있다. 요즘 글로벌 기업들은 인사의 연공서열이 완전히 무너졌다.

이제는 임원이 되는 것이 목표점으로 세우기에는 너무도 많은 경쟁력을 요구한다. 실적을 달성하지 못하면 조직에서는 찬밥이 되고 끈과 인맥으로 의존하던 사람들은 하루아침에 조직의 장이 없어지면서 사라지고 있다.

잘 판단을 해 보라. 자신이 조직 내에서 어느 정도까지 살아남을 수 있을지를 말이다. 답은 뻔하다. 팀장 정도까지 올라간다고 해도 수명이 짧다는 것이다. 팀장을 하면 그래도 오래간다고 생각하겠지만 절대 그렇지가 않다. 하루살이 팀장도 있다. 그래서 직장에 의존하지 말라는 것이다. 과거에는 직장에서 모든 것들이 해결된다고 믿었다.

그렇다면 무엇을 준비해야 하는가? 꾸중 따위, 혼나는 것쯤은 웃으면서 넘겨 버려라. 그리고 자신이 준비하고 나가야 될 길에 대해서 어떤 일들을 해야 될지를 과감하게 결정해야 한다.

나는
뛰는 회사원
회사 위에
나는

02

Businessman of Survival

회사에서
자신을 깨닫는 법

내 맘대로 일하지 못하는 순간이 온다

적이 동료로 바뀌는 순간
나갈 때가 온 것이다

말을 참 잘하는 직장 동료들이 부러울 때가 있다. 그런데 말을 잘한다는 것은 그만큼 남의 이야기하기를 좋아한다는 뜻이다. 말을 많이 하는 사람보다는 말을 깊이 있게 들어주는 사람을 대부분은 좋아한다. 그것은 인간관계에서 가장 핵심적인 것이다. 대부분의 사람들은 자신의 자랑거리, 자신에게 관심을 가져주길 바라는 마음이 존재한다. 그래서 다른 사람들이 자신의 말에 대해서 들어주고 관심을 가져준다는 것은 매우 신 나는 일이다. 남의 말을 진심으로 받아주고 들어주게 되면 인간관계의 신뢰도는 높아지게 된다.

그러나 말이 앞서는 사람들이나 불평하는 사람들은 조심해라. 그것은 곧 자신의 이야기를 듣고서 남에게 이야기를 한다는 것을 의미한다. 특히 불평을 하는 사람들은 입이 간지러울 정도로 남을 씹어

버리는 성향이 많다. 한 가지 알아둘 것은 직장 생활을 하면서 동료 간에는 서로 남의 이야기는 하지 마라. 그것이 곧 자신에게 돌아올 치명적인 상황으로 인식될 수도 있다.

직장에서 가장 조심해야 하는 사람들은 이중적인 성향을 가지고 있는 사람들이다. 그중에서도 동료들의 관계를 조심스럽게 살펴야 한다. 동료들은 서로 간에 대해서 너무 잘 알기 때문에 앞서 나가는 동료에 대해서 경계심을 가지고 있다. 이것들을 윗사람에게 보고하거나 퍼트리는 동료들이 있다는 것을 명심해라.

항상 말이 옮겨지는 사람들은 자신을 잘 아는 동료들이 많다는 것이다. 자신을 시기하고 질투하는 세력들은 언제든지 있다. 이런 세력들을 잘 컨트롤하는 것은 직장 생활에서 매우 중요한 역할을 한다. 자칫 잘못하면 소통의 벽을 무너트리는 장애물로 여길 수도 있기 때문이다. 아무리 자신은 잘못을 하지 않더라도 문제를 끄집어내는 집단의 힘이 그래서 무서운 것이다.

일은 못해도
당신만의 캐릭터를 창출해라

늘 반복적이고 변화가 없다면 회사 생활은 정말로 짜증스러운 과정일 수도 있다. 회사라는 곳은 한마디로 정의하기 어렵다. 싫은 사람들과 얼굴을 마주치면서 생존의 영역 내에서 경쟁해야 되고 고만고만한 사람들이 자신을 바라보면서 평가하는 것들이 신경 쓰이는 아주 사소하면서도 이해가 가지 않는 집단들이 모여 있는 곳이다.

결국은 회사는 같은 처지에 있으면서 서로 딴 맘 품고 일하면서 때로는 자신에게 이익을 안겨다 주는 즐거움도 느끼는 그런 곳이다. 여기서 딴 맘이란 솔직히 회사 생활하면서 옮기고 싶지 않은 사람은 없을 것이다. 계속 기회를 보는 것은 사람 맘이 똑같다. 그러나 옮기지 못하는 이유는 뻔히 알고 있어서 이야기는 하지 않겠다.

나는 회사를 정의하자면 우물 안의 개구리라는 표현을 쓰고 싶다. 회사는 항상 비슷한 수준의 사람들이 모여 있는 집합체이기 때문이다. 그리고 자신의 영역을 밖으로 자꾸 보게 되면 오래 직장 생활을 하기 어렵다. 다른 것들과 비교하게 돼서 일이 손에 잡히지 못한다. 그리고 다른 것들을 보게 되면 왠지 좋아 보이고 허상이 높아지게 된다. 하지만 정말로 남의 속을 알게 되면 자신의 회사 생활에 감사함을 느끼게 되는 것을 모른 채 말이다.

회사는 결국, 우물 안 개구리가 되지 못하면 다니기 힘든 과정이다. 회사에서는 누구를 과소평가할 필요도 없고 누구를 과대평가할 것도 없다. 회사는 그 수준 이상의 사람들은 모이지 않는 곳이기 때문이다. 회사 내에서 다양한 사람들이 모여 있는 곳이고 특별한 능력을 갖춘 사람들도 많다. 중요한 것은 상대방이 자신을 알 수 있는 존재감을 만들라는 것이다. 수많은 사람들이 있지만 '저 사람 하면 무엇인가 느끼는 점'이 있을 정도로 만들라는 것이다.

그것은 캐릭터가 살아 있어야 한다. 저 사람은 악독하다는 것, 저 사람은 일을 끈질기게 해낸다는 것, 저 사람은 항상 밤새워 일한다는 것, 저 사람은 항상 평가가 좋다는 것, 저 사람은 항상 말썽을 피운다는 것 등을 누군가에게 인식시키는 것이다. 그래야만 당신을 누군가 기억하고 있을 테고 그 기억이 때로는 내내 같은 사람들 속에서 긍정적인 가치로 발전하게 된다. 수많은 사람들 중에서 성과를 검증하는 수준도 별 차이가 나지 않는다. 그렇다면 당연히 남과 다른 자신만의 캐릭터를 만들라는 것이다. 그것이 좀 튀더라도 기억할 수 있다는 것은 그만큼 회사 생활에서 사람들이 자신을 많이 찾게 되는 비결이 된다.

저 사람은 뭐를 잘해, 저 사람은 무슨 일을 해봤고 등이다. 사람들이 입속에서 오르내리면 당연히 기억되는 것들도 많아지고 기회도 넓어지게 된다. 가만히 있는 것보다 자신만의 독특한 캐릭터를 만들도록 하자.

천재들은 보고서를
본인 생각대로 쓰지 않는다

회사의 업무는 계획하고 실행하고 보고하는 단계를 거친다. 그중에서 직장인들이 가장 어려워하고 많은 시간을 투자하는 것이 보고 단계이다. 얼마 전 모임에서 대기업 임원과 담소를 나눈 적이 있다. 그분의 말은 직장생활에서 부하직원이 일을 잘하는지를 판단하는 기준은 보고서의 작성수준을 보면 어느 정도 알 수 있다고 한다.

보고서는 잘 꾸미는 것이 중요한 것이 아니라 보고서를 보고받는 사람 입장에서 해석이 가능해야 되고 이해가 되는 내용들이 들어가야 한다. 보고서를 작성하다 보면 자신이 작성하는 내용에 몰입이 되어서 보고받는 사람 입장에서 생각하지 못하는 측면이 많아진다.

흔히 중요한 보고 때가 되면 며칠간 야근을 하면서 혼자 열심히 보고서를 작성한다. 자신은 '이 정도면 되겠지'라는 생각을 하지만 보고받는 사람 입장에서는 도저히 납득이 가지 않는 보고서로 평가하는 경우가 허다하다.

그럴 경우에는 잠시 작성된 보고서를 덮어두고 동료나 선배들에게 조언을 구해보는 것이 필요하다. 보고서는 가능하면 많은 사람들의 의견이 들어가서 초기 단계에서 방향을 제대로 설정하는 것이 중요하다. 보고서는 처음단계부터 설계를 잘못하게 되면 그 뒤의 노력은 모두 허사가 된다.

보고서를 잘 쓰기 위해서 다음과 같은 것들을 참고하기 바란다.

첫째, 상사가 왜 보고받으려고 하는지 그 목적을 잘 간파해야 한다. 상사가 알고 싶은 것이 무엇인지에 대해서 생각해야 한다. 알고 싶지 않은 것들은 굳이 보고서에 넣을 필요가 없다. 특히 보고받는 사람의 위치에 따라 보고서에 들어갈 내용은 차별화되어야 한다. 모든 내용을 보고서에 다 넣는다는 생각은 불필요한 생각이다.

보고서 작성 전의 보고의 목적과 담아야 할 내용들에 대해서 충분하게 상사와 협의과정이 있어야 한다. 상사의 의견이 반영되지 않는 보고서는 아무리 잘 작성했더라도 불필요한 보고서가 된다.

둘째, 보고서 작성의 스토리를 설계하는 것이다. 내용을 보고서 이어지지 못하면 보고서는 엉망이 된다. 항상 보고서에는 목적이 나오고 현황이 나오고 이슈가 나오고 해결방안이 나오는 순서로 작성되어야 한다. 그리고 현황에서는 너무 많은 것들을 작성하지 말아야 한다. 모든 것들을 작성하고 싶은 작성자의 심리가 작용하기 때문에 말이 많아지고 요약되지 못하는 한계를 벗어나지 못한다.

보고서라는 것은 요약하여 보고하는 단계를 의미한다. 그래서 가장 핵심적인 부분으로 요약을 해서 내용상에 스토리가 있도록 이어지게 만드는 것이다. 전혀 엉뚱한 내용이 들어가서 이해가 되지 않거나 이어지지 않는 내용으로 작성하면 보고받는 사람은 절대로 이해하지 못한다.

셋째, 보고서의 설계가 완성이 되면 기존의 자료들을 충분히 활용하여 분석하고 대안을 제시한다. 보고서를 잘 쓰는 사람과 못 쓰는 사람의 차이는 콘텐츠에 달려있다. 보고서 작성의 핵심 능력은 기존의 자료들을 활용하는 것이다. 회사의 업무는 기존에 해왔던 업무의 범위를 벗어나지 못한다. 그래서 과거에 해온 자료나 보고서를 참고해야만 보고서 작성이 수월해진다. 답은 이미 가지고 있기 때문이다. 흔히 자료를 참고할 경우 본인이 만든 자료나 외부 자료들을 참고하게 된다.

그러나 본인이 만든 자료는 대부분 콘텐츠가 빈약하다. 그래서 회사의 동료나 상사들이 만든 자료를 많이 확보해 두는 노력이 필요하다. 물론 회사생활을 하면서 타인이 만든 자료를 얻기가 쉽지는 않다. 하지만 평소에 대인관계가 동료 간에 원만하다면 자료를 받을 수 있는 기회들이 많아진다. 회사에서 보고서를 잘 쓰는 사람들은 기존의 자료를 조합하고 참고하여 새로운 형태로 융합한다는 점을 잊지 말자.

적을 이기려면 자신부터 이겨라

사람 간의 문제는
즐기는 것이 더 행복하다

회사에 입사하게 되면 꼭 텃세를 부리는 사람들이 있다. 어느 조직이나 마찬가지고 처음에는 이런 사람들 때문에 신규 입사자들이 힘들어하곤 한다. 아무리 출중한 경력과 능력을 갖추고 회사에 입사하더라도 기존에 텃세꾼들은 사람을 관리하려고 한다. 능력 없는 사람들이 대다수 텃세를 부리곤 하는데 회사에서는 어쩔 수 없는 관행이라고 생각하는 편이 오히려 편하다.

회사는 늘 선배 대접을 받고 싶은 사람들이 존재하고 그 사람들은 항상 새로운 사람들에 대해서 신참 취급을 하면서 자신의 존재감을 높이곤 한다. 처음 입사해서 싫은 내색을 하기도 어렵고 대게는 열심히 하는 모습을 보이는 것이 진리일 것이다.

그런데 회사 생활에서 이런 사람들은 대부분 얼마 가지 못하고 조직을 나오게 경우가 참으로 많다.

　생각해 보면 회사라는 곳은 서로 힘든 일은 미루고 하기 싫은 일은 신참에게 넘기는 경우가 많다. 그래서 처음 회사에 입사하게 되면 전임자가 처리하지 않고 문제투성이 일을 떠맡게 되거나 조직에서 가장 하기 싫은 사람과 함께 하는 일들에 대해서 맡게 되는 경우가 많다. 쉽고 편하다면 기존에 남은 사람들이 차지하고 할 텐데 그렇지 않고 어렵고 당장 터지기 직전의 일에 대해서 누군가가 맡아 주길 바라는 맘에서 채용되는 경우가 참으로 많다.

　이런 것들을 생각하지 못하고 허상만 쫓아서 회사에 입사하게 된다면 고생만 하다가 회사를 나가게 될지도 모른다. 그런데 회사 생활에서 영원한 것은 없다는 것이 정답이다. 누구든지 권력을 휘두르며 오랫동안 있을 것 같아도 조직은 금방 변하게 된다. 같은 부서에 근무하는 사람들 역시 늘 같이 있을 것 같아도 회사라는 조직은 변화가 금방 찾아오기 마련이다. 그래서 힘들어도 오랫동안 버티는 사람에게 우승이 돌아가게 되는 법이다.

　어느 정도 조직 생활을 해 본 사람이라면 지금 함께 하고 있는 사람들과는 잠시 잠깐이라는 것을 깨닫게 될 것이다. 공무원 조직이 아니고서야 회사 조직은 순식간에 조직이 사라질 수도 있고 변동이 될 수도 있는 일이 비일비재하다. 그러니 너무 좋지 않은 티를 내지 말고 기회를 보면서 대처하라.

입사 3년간은
바보가 되는 것이 편하다

　신입 사원들은 입사를 하게 되면 저마다 평가를 받게 된다. 어떤 측면에서 장점이 있고 어떤 점에서 단점이 있다는 식으로 관리자는 평가를 하게 된다. 아마도 신입 사원뿐만 아니라 누구나 조직 생활을 하게 되면 꼬리표처럼 따라다니는 것이 새로운 사람에 대한 평판이다.

　입사 초기에는 업무를 가지고 평가하는데 제한된 것이 많다. 입사 초기에는 태도에 대한 평가가 상당히 많이 작용하게 된다. 성과라는 것이 단기간에 도출되는 것이 아닐뿐더러 신입 사원에게 높은 성과를 요구하지도 못한다. 신입 사원에게 평가요소가 들어가는 것은 얼마나 열정적으로 일하느냐의 태도의 관점이 강하다.

　입사 초기의 태도는 여러 가지 평가요인을 수반한다. 출퇴근, 인사성, 긍정적 마인드 등으로 표면화된 평가요인들이 작용하게 된다. 신입 사원을 벗어나려면 최소한 3년간은 자신이 하는 일에 대해서만큼은 책임감 있게 수행해야 한다. 만약에 입사 초기에 자신이 하는 일에 대해서 어려움이 발생되거나 이슈가 지속적으로 제기된다면 여러 가지 측면에서 회사는 좋지 않은 시각으로 바라볼 수 있다.

　회사라는 조직은 자신을 평가하는 사람들이 수없이 많다는 것을 잊지 말아야 한다. 당신의 팀장만이 당신을 평가하는 것이 아니다. 당신과 직접적으로 관련이 없는 사람들도 당신에 대해서 지대한 관심을 가지고 평가를 한다. 그렇다고 너무 평가에 신경을 써서 남을 의식하면서 일할 필요는 없다. 단지 당신이 하는 모든 일들에 대해서 입사 초기에는 모든 사람들의 관심사라는 사실을 명심해야 한다.

당신이 회사에 대해서 불평불만 한다거나, 당신의 상사를 좋지 않게 흉본다거나 하는 것들 모두는 회사에서 금방 눈치를 차리고 태도가 달라진다는 것을 명심하자.

최소한 3년 이상은 지나야만 많은 사람들로부터 관심이 멀어지게 된다. 그 이전까지 당신은 주위 사람들로부터 너무도 지대한 관심의 대상이 되기 때문에 피로도가 높을 수도 있다. 하지만 어느 조직이건 간에 3년 정도는 당신에 대해서 평가하고 관리한다는 사실을 잊지 말자.

1년의 시간이 지나면 당신은 서서히 사람들에게 멀어지기 시작해서 당신 고유의 직장 생활 방식이 적응되어 가는 것이다.

만약, 당신이 이러한 사람들의 관심에 적응하지 못한 체하고 싶은 대로 행동하다가는 좋지 않은 평판에 휩싸일 가능성이 크다. 또한 회사에 불평불만을 가진 사람들과 어울리는 것은 매우 신중해야 한다. 회사는 당신과 어울리는 사람들에 대해서도 관리한다는 사실을 알아야 한다. 그래서 조직 생활에서 신입이든 경력이든 입사를 하게 되면 초기 3년간은 태도에 대해서 신중하게 행동하고 긍정적인 가치가 보이도록 조심해야 한다.

부족함이 괴로운 것은 아니다

똑똑함보다
열등감 있는 사람이 오래간다

회사는 정말로 똑똑한 인재들이 많다. 그들은 화려한 스펙뿐만 아니라 업무 추진력이 뛰어나서 회사로부터 능력을 인정받고 높은 연봉을 받는 사람들이다. 이런 인재들은 언제나 자신감이 넘쳐난다.

회사의 오너는 한 사람의 인재가 회사를 먹여 살린다고 생각한다. 특정 글로벌 회사에서의 경험, 사람 간의 인맥관계 등을 무시하지 못하기 때문에 초특급 대우도 마다하지 않는다.

그런데 똑똑한 인재들은 회사를 오래 다니지 못한다. 왜냐하면 자신들은 우월한 인재라는 사고들이 있어서 조금만 자신에게 불합리하거나 불평등한 대우를 받게 되면 가차 없이 회사를 떠나기 때문이다. 반면에 열등감에 사로잡혀 있는 사람들은 똑똑한 사람들보다 오랫동안 회사에 남는다. 부족하다는 의식이 많기 때문에 오히려 자신감보다는 회사로부터 받아들이는 수용력이 더 높기 때문이다. 그래서 열등감에 사로잡혀 있는 사람일수록 회사에서 더 오랫동안 근무하는 경향이 많다. 일의 성과가 부족해도 열심히 일하는 사람들이 오랫동안 회사에서 남게 된다. 왜냐하면 솔직히 이런 유형들은 갈 곳이 없기 때문이다. 회사는 어찌 되건 성실하고 열심히 일하는 사람들이 오랫동안 집을 지키게 되어 있다.

대다수 기업에서 오랫동안 남아있는 사람들을 잘 살펴보라. 그들이 하는 이야기는 '자신은 학력도 낮고, 능력도 낮기 때문에 일을 잘 못한다'를 반복하면서 자신을 낮춘다. 이런 사람들은 대다수 열등감이 있는 사람들이다. 이런 사람의 성향은 대부분 겉으로는 자신을 낮추지만 속으로는 알이 꽉 차 있을 정도로 단단한 사람들이다. 또한 자신을 겉으로 낮추는 사람들은 대다수 사람 관계에서 탁월한 능력을 발휘한다. 우리나라 사람들의 성향 중에서 특이한 성향은 자신의 자랑과 이야기를 즐긴다는 것이고 그런 이야기를 잘 들어주는 사람에게 호감을 가지게 된다.

결국은 자신을 낮추면서 열등감에 사로잡혀 있는 사람들은 대다수 조직에서는 오랫동안 충성하면서 열정을 바치는 사람들이 많다. 이런 사람들에게는 아무리 MBA, 박사급 인재가 오더라도 당하지 못한다. 그들만의 조직 생활을 이겨내는 법칙이 존재하기 때문이다.

실제로 열등감이 많은 사람들은 남들이 무슨 일을 하고 무슨 공부를 하는지 관심도가 높다. 심리학적으로 자신의 부족함에 대해서 깨닫고 있고, 결핍의식이 강하기 때문에 지속적인 발전 효과가 나타나게 된다는 것이다. 조직에서는 머리를 올리는 사람보다는 숙이면서 열등감을 가지는 인재들이 훨씬 많다는 것을 깨닫기 바란다.

마흔 중반에 퇴직하면
요즘은 정년퇴직이다

당신이 지금 과감하게 회사에 사표를 던진다고 가정해 보면 취업이 되기까지 얼마의 시간이 걸리겠는가? 또한 취업이 된 직장과 과거에 다녔던 직장과의 급여수준 및 복지 수준이 어느 정도 차이가 날 것 같은가? 이 물음에 쉽게 대답하지는 못할 것이다. 물론 자기 계발과 경력개발을 잘해놨다면, 30대 중반의 과장 정도라면 충분히 재취업이 가능할 것이다.

하지만 정확하게 40살이 넘게 되는 차장급 수준에서 회사를 그만두고 재취업을 하려고 한다면 이때부터는 쉽게 갈 곳이 찾아지지 않는다. 눈은 높아져 있고 과거부터 받아 온 급여와 복지 수준, 대우를 생각하면 정말로 갈 곳이 없다. 겨우 과거 보다 낮은 곳을 찾아서 옮길 수밖에 없는 처지가 된다.

회사를 옮길 때는 절대 법칙이 있다. 첫 번째는 40대가 되면 절대 먼저 회사를 그만두지 않는다. 그만두더라도 갈 곳을 정해 놓고 그만두라는 것이다. 이 나이가 되면 능력이 있어도 재취업이 쉽지 않기 때문에 바로 정년퇴직이 될 수도 있다. 회사에서 스트레스가 심해도 꾹 참고 버텨야 되는 이유이기도 하며 괜히 '욱' 하면 생계형 자영업자가 될 확률이 높다는 것을 알아야 한다. 두 번째는 인맥관리를 잘 해둬야만 직장 생활은 오랫동안 다닐 수 있다. 마흔 이후에 입사원서를 제출해서 재취업한다는 것은 어렵다. 일반적으로 입사원서가 통하는 나이는 30대 후반까지가 가능한 수준이다. 나이가 많더라도 어느 정도 인맥관리를 잘해놓는다면 충분히 회사를 옮길 수도 있는 확률이 높아진다. 그런데도 사람관리도 제대로 안 되고 인맥도 불충분하다면 40대가 돼서 회사를 퇴사하면 거의 90% 정년퇴직에 가깝다는 것을 명심해라.

직장인들이 가장 착각하는 경우가 3가지 있다. 첫째는 내가 지금의 급여를 받고 대우를 받고 있는 것은 내가 능력이 있기 때문이라는 사실, 둘째는 지금 직장에서 그래도 몇 년은 걱정 없을 것이라는 사실, 셋째는 퇴사를 하고 다른 곳에서도 지금 정도 이상은 대우를 받을 것이라는 사실이다. 이 3가지 모두는 직장인들이 잘못 생각하는 경우다. 마흔에 조직을 벗어나는 순간 자신의 가치점은 생각했던 것보다 낮아지게 되어 더 낮은 곳으로 옮기게 되고 급여나 복지 수준이 훨씬 더 떨어지는 곳에서 회사 생활을 버티게 된다.

마흔 이후가 되면 경쟁력도 나이를 따라가기 어렵게 된다. 요즘은 아무리 외국계 잘나가는 컨설턴트라고 해도 마흔을 넘기기가 어렵다. 지금의 급여를 받기 위해서는 몇 배로 더 뛰어야 하고 몇 배로 성과를 올려야만 가능한 구조다.

결국은 마흔이 넘어서는 조직에 충성하는 이유가 바로 이것이다. 조직에서 이미 경쟁력이 없다고 판단되는 사람들도 조직 내에서 버티려 하고 안간힘을 써가면서 조직 내에서 자신의 입지를 유지하려고 하는 목적은 나이라는 굴레를 벗어나기 힘들기 때문이다. 요즘 대다수 마흔 이후의 직장인들은 노후 준비와 퇴직 준비에 몰두할 수밖에 없다. 더 이상 급여에 대한 꼭짓점을 올릴 수 없는 한계가 보이고 연봉도 늘 제자리 걸음 뿐이라면 결과적으로 나갈 수밖에 없는 환경이 조성된다. 직장의 현실은 모두가 똑같다. 그리고 직장에서는 영원한 것이 절대로 있을 수가 없다. 잘나가는 대기업 임원들도 하루아침에 조직에서 옷 벗고 나가는 경우가 다반사며 지금 조직 내에서 자신의 위치가 견고히 만들어지는 시점이라고 해도 밖에서는 누구도 그 가치점을 인정해 주지 못한다.

기회를 봐서 창업시장에 도전하면 되지 않겠느냐고 생각하지만 절대로 쉽지가 않은 것이 현실이다. 조직 내에서 경쟁력은 밖에서는 누구도 알아주지 못하는 겉치레일 뿐이기 때문이다. 만약 회사 내에서 거창한 상도 많이 받고, 혁신적 경험도 많고, 다양한 업무적 경험과 성과들이 있다고 해도 과연 밖에서 누가 그런 것들을 이해하고 대단하다고 할 수 있겠는가? 대다수 별로이고 활용 효과가 떨어진다.

아무리 자신의 경력과 경험이 뛰어나더라도 조직에서 나이를 넘어설 수는 없다. 마흔이 넘어도 회사 생활을 지속적으로 이어갈 수 있는 사람들은 전문가밖에 없다. 그것도 자신의 프로젝트가 경력으로 남을 수 있는 경험과 고도로 지식을 습득해서 남들에게 전파가 가능한 수준의 역량을 보유한 사람들을 의미한다.

그래서 회사라는 굴레를 벗어나기가 점점 어려워지고 힘들어지게 된다. 회사에 다니고 있다는 사실만으로도 감사함을 느껴야 하는 사람들이 많음에도 그런 사실을 회사를 그만두고 나서야 깨닫는 경우가 너무도 많다.

회사에서 마지막까지 버티다가 나갈 수밖에 없는 위치에 몰리게 될 때 얼마나 비참한가? 당신이 만약 그런 경험을 하게 된다면 퇴직 후에도 무엇을 하더라도 잘 되지 못하는 환경에 처하게 된다. 이런 일들이 나에게 안 올 것이라는 장담을 하지만 절대적인 긍정을 하지는 못한다. 앞으로 더욱 치열해지는 회사 생활에서 성장하려면 '회사학'을 배우고 학습하는 요령이 절대적으로 필요하다.

그래서 회사 생활을 현명하게 잘 유지하고 오랫동안 다닐 수 있는 지혜는 매우 중요하다. 회사 생활도 전략이 필요하고 학습을 해야만 오랫동안 유지된다는 사실을 명심하자. 나이를 먹게 되면서 회사 생활 동안 후회되는 것들이 있다. 그것은 더 일찍 회사에 대해서 알았더라면, 더 회사의 법칙을 이해했더라면 하는 아쉬움으로 보내는 사람들이 너무도 많다는 사실이다.

남들이 싫어하는 것에서 기회를 찾아라

단순하고 반복된 일을 하면서
영향력을 가져라

회사 생활에서 경력 관리는 매우 중요하다. 자신이 하고 있는 직무가 무엇인가에 따라서 자신의 위치가 달라질 수 있기 때문이다. 보통은 단순하고 반복적인 일 처리는 성장할 수 없는 직무라고 판단한다. 전문성이라는 것이 없다는 판단에서 일 것이다. 그리고 모든 자기 계발서나 직장 생활 지침서는 단순하고 반복된 일보다는 전략적이고 전문성 있는 일을 하라고 알려준다.

하지만 필자는 다른 의견을 가지고 있다. 전략적이고 전문성 있는 일이 결코 자신에게 성장을 시켜 주는데 도움을 주는 것만이 아니라는 사실이다. 오히려 오랫동안 직장 생활을 하면서 자신의 스트레스를 감소시키고 운영의 효과를 더욱 높일 수 있다면 단순하고 반복된 일이 더 만족도가 높을 수가 있다. 전략적인 사고와 전문성 있는 일을 한다고 해서 그것이 자신에게 항상 만족감을 주는 것은 결코 아니다. 자동차나 반도체 생산직에 근무한다고 해서 자신의 가치점이 낮지는 않다. 단지 급여를 많이 받는다고 해서 좋아 보이는 것이 아니다. 하는 일은 단순하지만 자동차 생산라인이 잘 안 돌아가게 될 때 자신이 하는 일에 대해서 대단한 영향력을 미치기 때문이다.

결과적으로 자신이 하는 일은 누구나 할 수 있고 쉽게 배우고 가치점이 없다고 해도 누군가에게 영향을 미치는 효과가 크다면 그것은 분명히 자신이 하는 일의 전문성에 대한 문제를 가질 필요는 없다. 충분히 전문성보다도 더 큰 영향력을 가지고 있기 때문이다.

무조건 단순하고 반복적인 일이라고 해서 불만을 가질 이유도 없고 비전을 좋지 않게 판단할 이유도 없다. 전문직이라고 하는 사람들도 고객에게 니즈를 파악해서 보고서를 제출하는 일은 거의 반복적이다 못해 지쳐가는 작업들이라는 사실을 인지해라. 그러나 그들이 인정받는 것은 그들이 작성한 보고서의 영향력 때문인 것이다.

세상의 모든 일들을 살펴보라. 단순하고 반복적인 일들이 대부분이다. 성과를 올리는 단계에서 가장 많은 영역을 차지하는 것은 단순하고 반복된 일을 하는 것이다. 중요한 것은 단순하면서도 반복적인 일의 의미가 아니라 일하는 과정을 통해서 얼마나 많은 의사 결정에 자신이 하는 일이 영향을 미치고 있는가를 찾는 것이다.

단순하고 반복된 일은 청소나 접시를 닦거나 기타 누구나 할 수 있는 일들을 의미하기도 한다. 그러나 회사에서 일반적인 직원이 청소를 하거나, 접시를 닦는 일을 본인 직무로 두지는 않을 것이다. 하지만 회사의 비서가 차를 타거나 접시를 닦는 일에 대해서 단순하고 반복적인 일이기 때문에 싫다고 판단한다면 그 수준을 넘어서기는 어렵다. 자신이 타서 먹는 차를 외부 손님이나 CEO가 먹는다는 생각을 하면 대단한 영향력을 미치는 것이라는 사실을 알아야 한다.

중요한 것은 자신이 하는 직무가 중요한 것이 아니라 자신의 일이 회사에서 어떤 영향력을 미치는지가 더 중요하게 생각해야 된다.

지루한 회의는
항상 당신에게 기회를 주고 있다

회사에서는 회의가 즐비하게 이루어진다. 요즘은 낭비 없는 회의라고 해서 회의도 프로세스대로 진행한다. 회의 참석자들 각자 표현할 수 있는 자유 발언도 많이 주어진다. 그런데 회사에서는 절대로 고쳐지지 않는 회의의 원칙이 있다.

팀장은 어떤 대안을 제시할 때 자신이 원하는 안이 있지만 다른 사람의 의견을 들어서 여러 가지 안이 나온 것처럼 대안을 마련하여 최고 경영자에게 의사 결정을 받는다. 그래서 회의를 하면 상사들은 의견을 자유롭게 개진하라고 부추긴다. 왜냐하면 팀장 머릿속에는 좋은 대안이 없기 때문이다. 부하 직원들이 서서히 의견을 개진하면서 물이 오르면 아무 생각 없는 상사들은 이제부터 평가하기 시작한다. '그것 좋은 의견이네', '그건 좀 그러네' 하면서 의견을 개진 하는 게 아니라 평론가적인 내용을 남발한다.

상사와 다른 의견을 내기라도 하면 수첩에 메모를 해둔다. 말은 자유롭게 하라고 했으면서도 자신과 반대 의견은 무조건 기억해 둔다. 그리고 남들이 알아볼까 봐 이름 대신 이니셜로 적어 놓는다. 이니

설 옆에 별표까지 치면서 잊혀질까 봐 꼼꼼히 기억해 둔다.

회의가 끝날 때쯤 되면 상사는 시간이 많이 지났으니 그만하자고 한다. 그리고 결론이 도출되기 전에 다음 기회에 다시 하자고 한다. 그리고 누군가에게 내용을 쓸어 담도록 권고한다. 의견을 쓸어 담는 역할은 항상 누군가로 정해져 있다. 말단 직원이 정리하든 일 잘하는 직원이 정리하든 누군가가 실무자 선에서 정리하게 되어 있다. 그런데 나중에 살펴보면 회의의 알맹이는 빠지고 회의 실무자와 팀장 간에 회의 내용을 요리조리 요약하면서 내용이 확 변하게 된다.

회의는 별 내용이 없다고 판단하고 실무자에게 명석하게 자료를 기일까지 만들어 내라고 한다. 그런 후 위층에 보고할 때 언제 그랬냐는 듯이 말끔한 정리 자료와 데이터, 각종 차트 등이 동원되어 완전히 환골탈퇴 하여 회의 효과가 부가적으로 나오는 결과물로 도출된다. 실무자의 완벽한 스틱과 함께 자료 정리의 기술로 말이다.

의사 결정자에게 최종보고 때 팀장은 심도 있는 회의를 나눴다고 하면서 각종 자료와 함께 회의 내용을 설명하기 시작한다. 의견은 무조건 자신에게 유리한 쪽으로 개진하면서 설명한다. 물론 상대방의 의견도 일부 설명해 준다. 그런 내용을 최고경영자는 보면서 신뢰하게 된다. '이 정도 보고 자료면 되겠구만' 하면서 흔쾌히 의사 결정이 이뤄진다. 결과적으로 회의의 의사 결정 과정은 빠져버리고 설명하는 보고자료 자체로 의사 결정이 된다.

보고한 상사는 의사 결정을 받아낸 후 회의 참석자들에게 공평하게 설명한 것처럼 이야기하곤 의견이 탈락된 회의 참석자들에게 회식이나 하자고 한다. 뭐 이후에는 뻔한 이야기들이 전개된다. 이것이 오늘날 회의의 모습이다. 직장인들이 가장 하기 싫은 것이 왜 회의인지를 오너가 필히 알아야 한다.

회의에 참석한 당신은 이런 룰을 어느 정도 이해하고 있어야 한다. 회의에서 가장 중요한 것은 회의를 기획한 자가 무엇을 얻으려는지를 분명히 알고 대응하는 것이다. 절대로 의견에 반해서 행동하지 마라.

회의를 시작할 때 이미 회의 보고자는 결론을 알고 있다. 부하 직원이라면 절대로 감정적인 반대 의견을 내지 말기 바란다. 회의라는 것은 상대방의 마음속 느낌과 감정을 공유하는 시간이라는 것을 잊어서는 안 된다.

상사와 식사하는 것을
애인과 식사하는 것처럼 대하라

점심 메뉴를 항상 결정해야 하는 직장인은 고달프다. 오늘은 어느 곳에 가야 할지를 결정할 수 있는 권한은 팀장에게 있다. 점심때가 되면 항상 팀장은 오늘 뭐를 먹을까? 물어본다. 물론 물어보는 의미를 부하 직원은 잘 알고 있다. 여기서도 최선을 다하는 모습을 보여줘야 한다. '대충 아무거나 먹죠?' 하면 눈빛이 달라지기 때문이다. 이것저것 고민하다가 결국은 상사가 가자는 대로 따라간다. 상사는 식사 메뉴 결정권과 퇴근 의사 결정권을 가지고 있다. 이 중 식사 메뉴 결정권은 상사로서의 특권이라는 의식이 많다. 상사가 되면 식사를 선택할 수 있는 권한에서 나름대로 행복감으로 느낀다고 한다. 요즘 신입직원들은 불만이겠지만 상사가 되어 보면 정말로 그런 선택권을 특권 의식으로 생각한다.

상사와 함께 밥을 먹고 싶지 않거나 팀원과 밥을 먹고 싶지 않은 사람들도 있다. 이들은 대게 건강을 위해서 도시락을 먹거나, 체중 조절을 위해서 건강식을 먹는다는 핑계로 점심시간을 교묘히 빠져나간다. 하지만 이런 사람들은 상사에게 찍힌 몸이 될 가능성이 크다. 회사 생활에서는 업무 능력보다 중요한 것이 식사 자리다. 특히 상사는 부하 직원이 식사를 같이 챙겨 주는 것에서 호감을 드러내곤 한다. 그리고 부하 직원의 필요성을 가장 강력하게 느끼는 때이기도 하다. 상사와 식사가 거부감이 드는 것은 평소 싫어하기보다는 부담 때문일 것이다.

하지만 상사를 고객이라는 생각으로 대우해라. 당신은 비즈니스를 하고 있고 고객에게 어떤 것들을 끄집어낼 것이라는 사고로 접근해 보라. 사실, 상사와의 식사 시간이 괴로운 것은 별로 얻을 게 없다는 생각 때문일 것이다. 하지만 절대 그렇지가 않다. 식사 자리에서 자신이 먼저 생각한 것들을 정리하고 끄집어낼 수 있는 비즈니스를 만들어라. 능력 있는 직원이 되는 것은 분명히 업무성과를 높이는 것이 필요하겠지만 점심 식사의 기술이 오히려 더 설득력을 발휘하는 경우가 많다. 상사들이 식사 시간에 업무 이야기를 하는 것이 좋지 않다고 생각할 수 있지만 그 시간을 잘 활용해서 자신이 하고 싶은 이야기나 설득할 수 있는 기회 요소를 만드는 지혜가 필요하다.

업무 중 딱딱하게 될까 봐 하지 못했던 이야기나 보고를 살며시 식사 중에 이야기를 하는 경우가 전략적 의사 결정의 방법이다. 식사를 하면 포만감이 들면서 오히려 상사는 이해심과 생각하는 판단력이 부하 직원에게 포용적인 태도로 바뀌게 된다. 상사와 식사 시간을 너무 두려워하지 말고 답답해하지 말자. 그것은 자신의 어떻게 이야기를 끄집어내고 융통성 있게 전개하는 것을 비즈니스 능력으로 갖추기 바란다. 식사 자리에서 은근히 자신이 처해진 어려운 점들을 이야기하면 어떻게 해결하라는 식의 해결 방안이 도출될 수 있다. 식사 시간을 자신이 끄집어낼 수 있는 기회의 시간으로 바라보면서 비즈니스를 한다는 생각으로 여유 있게 즐기기 바란다.

똑똑함은 성실함이 이긴다

그저 그런 사람으로
낙인찍히지 말라

우리는 직장에 다니면서도 포기하는 것들이 너무도 많다. 학력이 부족해서 안 된다는 생각, 조직에서 밀려 났다는 생각, 업무 능력이 부족하다는 생각 등에 무기력해 있다. 하지만 지금부터라도 그런 생각들을 과감하게 버려라. 적어도 당신은 아직까지 능력을 펼쳐 보이지도 않았고, 가는 길에 대해서 방향을 정하지도 않았다.

누구나 회사 생활은 부정적으로 본다. 언제 나갈지 모르는 초조한 맘에 다닌다면 이미 당신은 자신감이 사라진 것이다. 자신과 타협된 생활을 오래전부터 해왔기 때문이다. 이제부터는 그저 그런 회사 생활을 하지 말자. 당신도 충분히 최고 경영자나 오너의 눈에 들어갈 수 있다.

회사에 온 당신이 한번쯤은 회사를 위해서 전력투구를 해보기 바란다. 아무리 회사에서 인정받는 비법을 알려줘도 몰라서 못하는 것이 아니다. 바로 마음 자세의 문제다. 당신은 회사에 와서 어떻게 하면 일을 조금 할까? 어떻게 하면 빠져나갈까? 어떻게 하면 연봉을 많이 받을까만 고민한다. 하지만 먼저 전력투구를 해보라. 그러면 회사는 당신에게 많은 관심이 갈 것이다. 그리고 전혀 보지 못한 새로운 생각들이 당신에게 집중될 것이다.

회사에서는 오너에 가까울수록 성장할 확률이 높기 때문에 어떤 방법이든 최고 경영층과 소통할 수 있는 자리에 가려고 한다. 하지만 오너는 항상 현업에서 일어나는 것들에 관심이 많다. 그래서 더욱더 현업의 능력을 존중한다. 당신이 한번쯤은 회사를 위해서 일한다는 생각으로 전력을 다해 보면 답이 나온다. 그런 노력도 없이 무조건 포기한 채로 회사를 다니지 마라. 그저 그런 직장 생활을 하려면 언제 나가야 되는지만 고민하는 시한부 직장 생활밖에 안 될 것이다.

요즘은 1명의 슈퍼급 직장인이 수만 명의 평범한 직장인을 먹여 살린다고 한다. 이런 논리로 얼마 전부터 초일류 대기업에서는 슈퍼급 인재유치에 열을 올리고 있다. 수억의 연봉을 줘서라도 회사에 기여할 수 있는 가치가 높다고 판단하기 때문에 돈이 아깝지 않다는 것이다. 요즘은 대기업뿐만 아니라 중견기업들도 좋은 인재들을 유치하기 위해서 엄청난 비용을 투자하고 있다.

그러나 당신은 결코 우수한 학력과 능력을 겸비한 인재가 아니라고 해서 실망할 필요는 없다. 대다수 기업들을 살펴보라. 핵심 참모는 우수한 대학을 졸업하기보다는 평범한 대학을 나온 사람들이 많다. 그렇다고 외국생활을 오랫동안 한 경험도 사실 별로 없다. 외모도 그렇게 출중하게 잘 생긴 편도 아니다. 그렇다면 어떻게 해서 그들은 최고 경영자의 오른팔에 오른 것일까?

오너가 선택하는 사람들은 일반 사람들 눈으로 평가할 수 없는 통찰력이라는 것이 존재한다. 그런 능력은 회사의 업무 능력과는 무관하다. 때론 사업가는 통찰력과 직관력으로 운영하기도 한다. 그 힘은 놀라울 만한 능력을 발휘한다. 아무도 예측하지 못하는 미지의 세계에서 거액을 투자하면서 의사 결정하는 능력은 오너만이 가지고 있는 사업의 통찰력이 스며들어 있기 때문에 가능한 것이다. 아무리 회사가 출중한 능력을 가진 직원들이 즐비하더라도 오너의 통찰력과 직관력에 부족하다면 오너의 측근에 다가서기 어렵다.

이와 마찬가지로 조직에서는 능력이 좋다고 해서 모든 사람들이 잘나가는 것이 절대로 아니다. 얼마나 신뢰감 있게 일을 하고 도전적인 과제를 해결해 내는지가 더 중요한 평가 기준이 된다. 그리고 하부 직원의 그런 능력은 오너나 핵심 관리자들이 너무도 잘 알고 있다. 저 직원은 어디에 배치해야 되고, 어떤 성격이기 때문에 무엇을 하면 잘할 것이라는 가정이 늘 반복된다.

회사는 수많은 사람들이 입사하고 퇴사한다. 믿었던 사람들도 자신의 뜻과 거리가 있으면 언제고 퇴사를 한다. 실력과 능력이 있는 사람들이 넘쳐나는 회사에서 당연한 결과다. 이런 모습들을 과거부터 오너들은 지켜봐 왔고 조직에서도 늘 알고 있는 부분이다. 그래서 실력과 능력이 뛰어나더라도 오너의 맘까지는 받지 못한다. 최소한 오너의 맘을 받으려면 회사를 위해서 희생해 왔다는 인식 정도는 들도록 만들어 주어야 한다. 능력은 단지 회사에서 공식적으로 평가하는 기준일 뿐이다.

　회사에서 대다수 임원이 된 사람들은 이러한 과정을 거쳐 온 사람들이고 떠날 수도 있는 위치였지만 회사를 위해서 어느 정도 희생을 감수했다는 사실을 알고 있기 때문에 대우를 해주는 것이다. 실력과 능력만으로는 절대 임원의 반열에 올라설 수 없다.

　회사에서는 슈퍼급 인재들이 항상 성공하기란 확률적으로 쉽지 않다. 왜냐하면 슈퍼급 인재들은 늘 그 이상의 요구와 만족감을 원하기 때문이다. 회사는 늘 그렇게 좋은 대우를 약속해 줄 수 있는 곳이 아닐뿐더러 내면으로 가게 되면 뽑을 때 많은 대우를 해 줬더라도 회사를 다니는 동안에는 회사를 위해서 어떤 희생을 하는지가 더 큰 관심사이기 때문이다. 당신은 결코 능력이 뒤떨어진다고 해서 포기하지 말라.

　회사에서 면접을 본다고 가정해 보자. 사장은 당신에게 어떤 질문을 하더라도 대답을 능숙하게 잘하지만 그저 그런 사람으로 인식할 수밖에 없다. 면접에서 신뢰감 있게 행동한다면 달라질 수 있다.

　거창한 능력을 보이기보다는 차라리 회사에 입사를 하면 퇴사를 하지 않고 끝까지 가겠다는 약속을 해라. 오너에게 그런 약속을 한다는 것은 오너도 강한 신뢰감이 들 수 있는 태도이다. 본인에게도 어떠한 시련이 와도 이런 약속을 했기 때문에 남다른 정신으로 무장되어 근무하게 될 것이다. 적어도 그런 신뢰감을 보여주지 않으면 그저 그런 직장 생활이 될 것이다.

학력의 벽을 넘으려면
자신만의 콘텐츠를 만들어라

학벌은 우리 사회에서 빠질 수 없는 자격 요건이다. 이 사실을 부정할 수가 없다. 이미 존재하고 인식되어 있는 것들을 나만 바꾼다고 바꿔질 수가 없다. 학벌이 좋은 사람은 인정해 주자. 다만, 그것은 어디까지나 좋은 대학을 나왔다는 사실뿐이다.

회사에서도 학벌에 대한 인식이 강하다. 좋은 대학을 나오면 그만큼 능력 있다는 생각을 한다. 사실 통계적으로 봐도 그런 측면이 강하다. 그렇다 보니 우리나라 채용 기준 중에서 학벌을 중요하게 생각하지 않는 기업이 없다. 대다수 채용 담당자들은 학벌을 채용 기준에서 가장 강력한 기준으로 생각한다. 물론, 모든 기업이 다 그런 것은 아니다. 어디까지나 해당 직무와 연관돼서 채용자의 수준을 고려한다는 점을 잊지 말자. 무조건 SKY를 선호하지는 않는다.

다만, 학벌을 극복하는 방법에 대해서 조언을 한다면 전문 자격증을 취득하고 자신의 길에 대해서 확실한 경력을 쌓아야 한다. 그리고 끊임없이 자기 계발에 매진해야 한다.

회사에서 학력은 입사 3년까지만 인정받는다고 생각해라. 입사 3년부터는 업무성과가 서서히 나타나는 시기라서 개인의 능력이 뚜렷하게 증명된다.

그래서 입사 후에 3년간은 학벌에 좌우되더라도 이해하고 넘어가라. 하지만 3년이 지난 시점에서 자신의 성과를 올리지 못한다면 학력의 벽을 넘지 못할 가능성이 크다. 소위 말하는 그냥 그 수준으로 직장 생활을 할 수 있다는 뜻이다. 입사 몇 년이 지나면 동기들 중에서 잘나가는 동기들이 생겨난다. 뒤처지는 모습이 보이기 시작하면 반전시키기가 매우 어렵다.

출신 대학은 바꿀 수가 없지만 자신만의 그렇다면 독특한 콘텐츠를 창출하면 학력은 극복될 수가 있다. 학력을 커버하기 위해서 대학원에 진학하거나 다양한 칼리지에 입학하는 것보다는 자신만의 콘텐츠를 개발하고 노력하는 과정에서 학력은 극복될 수 있다. 교육 강사 시장에서 최고의 강의로 유명세를 타는 사람들을 대다수 보면 학력과는 상관없는 자신만의 독특한 콘텐츠로 승부하는 사람들이다. 남들이 가 보지 않은 것들을 경험하거나 자신의 능력을 인정받기 위해서 다양한 대회에 입상하거나 다양한 자격증을 취득해서 남들과 차별성 있는 자기 계발에 노력했거나 하는 것이다.

하지만 대다수 사람들은 자신은 이미 학교에 대해서 뛰어넘지 못하는 한계가 있다고 생각해서 아무것도 하지 않는다. 그것은 정말 어리석은 일이다.

과거나 지금도 SKY 출신들은 기업 내에서 보이지 않는 학연 관계로 특혜를 보는 경우도 있다. 그러나 어디까지나 위에 잘나가는 선배들이 받쳐 줘야만 가능한 일이었다. 최근 기업 문화들을 보면 학연이라는 문화가 사라지고 있다. 까다롭게 입사해서 많은 사람들이 조기 퇴사하는 모습들을 기업에서는 많이 보았기 때문에 학벌이라는 것을 채용기준에 전체적으로 삼지는 못한다. SKY 출신자들도 노력하지 못하면 회사에 채용되기 어려운 현실이다.

독특한 콘텐츠를 어떻게 만들 수 있는지 궁금할 것이다. 그것은 고민하고 극복할 수 있는 벽을 넘겠다는 자신감을 가지는 것이다. 우리는 남들을 쫓아가기 바쁜 인생을 살고 있다. 앞서 나가는 사람들의 경험이 기준이 되고 자본시장의 흐름대로 길이 정해지고 있다. 하지만 새로운 시도를 해보기를 바란다. 학력이라는 높은 벽이라는 생각을 하기보다는 남들이 해보지 않은 독특한 경험과 창의적인 실행력, 그리고 직장에서의 남들보다는 더 열정적으로 일을 해낸 성과를 가지는 것들을 공유하는 것, 이런 것들을 자신이 만들어 나가는 과정에서 더 크게 인정받는 것들이 많다.

때론 다양한 직장의 경험을 해본다거나, 남들에게 자신 있게 보여줄 수 있는 삶의 스토리들을 창출하는 능력을 가진다거나 하면 긍정적 반응이 많아지게 된다.

특허를 남들보다 훨씬 더 많이 낸다거나 공모전에 스스로 입상을 한다거나 등도 기회 요소를 잘 파악한다면 자신만의 콘텐츠들이 모여져서 경쟁력이 될 것이다. 학력보다는 콘텐츠 제작에 더 힘을 기울이기 바란다.

훌륭한 리더는 원칙이 기본이다

정직하게 일하지 않는 리더는
따르지 말라

회사 내에서는 보이지 않게 권력 다툼이 매우 심하다. 이런 회사에 다니면 매우 피곤하다. 일 중심의 회사에 다니는 것이 오히려 편할 것이다. 정치적인 사람들로 득실거리는 회사는 최악의 직장이다. 이런 회사에서는 빠지지 않고 등장하는 것이 권력자의 관리자들이다. 이런 유형의 사람들은 부하 직원에 대해서 크게 생각하지 못한다. 왜냐하면 자신의 권력을 위해서 부하 직원들을 희생하도록 만들기 때문이다.

결국은 회사의 조직은 누구를 따르느냐에 따라서 운명이 좌우될 수도 있다. 그러나 권력에 목숨 거는 사람은 리더로서 절대로 따르지 마라. 그러한 리더들의 유형은 부하 직원을 자신의 지위를 유지하기 위한 목적으로 활용하는 사람들이 많다. 그래서 괜한 정치 싸움에 휘말리지 말라는 뜻이다. 권력자들은 오너들의 의사 결정을 때로는 무시하는 경우도 발생된다. 그래서 권력자들의 리더들은 오랫동안 회사 생활을 하지 못하는 단점이 있다. 어느 순간에 자신이 못 견뎌서 일을 내고 말기 때문이다. 그런 유형의 리더를 절대로 따르지 마라.

회사의 권력은 한순간에 사라지곤 한다. 어느 곳을 막론하고 절대 권력이라는 것은 있을 수 없다. 직장 생활을 단명하는 원인 중에 한 가지는 권력자를 따르는 풍토 때문이다. 권력자가 끌어준다는 동기 부여로 활기를 치다가 권력자가 사라질 때 감당하지 못하는 고통이 뒤따르기 때문에 그만두곤 한다.

오히려 조직 내에서는 권력 유형보다는 자신을 잘 드러내지 않는 유형이 오래간다. 회사 생활이 뭐 그리 복잡하냐고 생각할 수 있지만 절대 다수의 사람들은 이 말에 동의할 것이다. 하지만 이런 사람들은 자신의 능력을 과소평가하고 소심한 유형의 사람들이 많다. 조직에는 항상 이런 유형들이 존재한다. 조직에서는 이런 유형들이 오래 버틸 수 있는 여력이 더 많다.

회사 생활에서 권력 다툼을 일으키고 문제를 발생시키는 리더는 아무리 능력이 있다고 해도 오래 버틸 수가 없다. 사람 간에는 여러 가지 변수가 생기게 된다. 사장이 총애하던 부하 직원이 한순간에 회사에서 쫓겨나기도 하고 어느 날 갑자기 회사가 인수합병이 되어 자리가 없어지기도 한다. 중요한 것은 리더가 옳은 일을 하는지와 투명한 일을 하는지를 판단하는 것이다. 리더가 옳은 일과 투명한 일을 한다면 기꺼이 따라도 좋겠지만 이 두 가지 일이 아니라면 과감히 인맥관계를 정리하기 바란다.

상사를 따를 때 가장 중요한 요소는 정직하게 일하느냐를 판단하는 것이다. 정직하지 못한 일을 하는 상사를 따르게 될 때 그 피해는 엄청나게 크다는 사실을 명심하기 바란다. 세상에 비밀은 없고 공짜는 없는 법이다. 달콤한 말에 요행을 바라는 상사는 지금까지 잘된 법이 없다.

회사 조직의 특징은 아무리 똑똑하고 출중한 권력자라고 해도 언젠가 바뀐다는 사실이다. 그런데 바뀌는 가장 큰 이유는 정직하지 못한 일들을 하게 됨으로써 바뀐다는 것이다. 가장 좋은 것은 오랫동안 회사에서 인정받기 위해서는 권력의 싸움에 휘말리기보다는 자신의 일에 대해서 성과로 인정받는 리더를 따르기 바란다. 정직하게 일하고 성과가 좋은 리더는 권력적이기보다는 합리적인 유형의 리더가 많다. 이런 리더들은 성과 지향적이기 때문에 아무리 권력자가 나서서 영향력을 행사한다고 해도 무시할 수가 없다.

상사와 부하 직원이
같은 생각을 하면 망한다

10·26사건 때 당시 중앙정보부장 김재규는 그의 부하들에게 사건이 발생하기 전에 다급히 자신과 함께 운명을 함께하자는 의견을 준다. 결국은 김재규와 같은 배를 타기로 했던 부하들은 모두 형장의 이슬로 사라졌다.

이뿐만 아니라 상사를 위해서 목숨을 바치는 행위는 역사적으로 찾아보면 많은 일화들이 있다. 다만, 회사는 군대가 절대로 아니라는 것이다. 회사에서는 개인의 목숨을 상사에게 맡기면서까지 위험한 행동을 할 필요가 없다는 것이다. 군대 의식에 사로잡혀서 상사를 따르기보다는 자신이 가야 될 길부터 잘 파악하기 바란다.

회사 생활을 하다 보면 상사가 부하 직원에게 충성을 약속하고 업무 이외에 벗어난 요구를 하는 경우가 종종 생긴다. 이런 경우가 발생한다면 절대로 따르지 말기를 당부하고 싶다. 회사를 군대 조직처럼 생각하고 무조건 자신을 따르면 성장시켜 주겠다는 달콤한 언변에 넘어가지 말아야 한다.

직장인들은 지금의 위기에서 벗어나기 위해서 상사의 달콤한 유혹에 넘어가게 되는 경우가 많다. 하지만 상사가 위기에 처해지거나 잘못되었을 때 함께한 부하직원을 책임져 줄 것이라고 생각하지만 완전한 착각이다. 저자는 상사와 부하 간에는 조언 정도의 관계까지가 좋지 인생을 결정하는 관계로 선을 넘어가게 되면 결국은 원한 관계로까지 발전된다는 것을 말하고 싶다.

일부 직장인들 중에는 군대문화에 젖어 있어서 회사를 군대로 인식하는 경향이 많다. 특히 부하 직원에게 요구하는 수준이 자신과 한배를 타야 된다는 사고로 반강제적으로 인식시키고 스스로에게 복종을 강요하는 상사들도 많다. 이런 상사는 절대로 성공할 수 없다는 것을 명심하고 상사를 위해서 일하지 말아야 한다.

상사를 위해서 목숨을 잃는 것은 군대에서나 가능하다. 회사는 철저하게 자기 자신을 지키고 가정을 지키는 곳이다. 남을 위해서 목숨까지 바친다는 잘못된 판단에 현혹되지 말기 바라며, 회사는 자기의 성과와 능력으로 일하는 곳임을 잊지 말자.

능력이 떨어지는 사람들은 대부분 충성심을 강조한다. 회사의 충성심은 절차와 방법을 무시하면서 하라는 것이 아니다. 의욕에 차서 불필요한 희생을 상사가 하면 반드시 피해 보는 것은 그 상사를 따랐던 부하 직원임을 명심하기 바란다. 그런 상사 옆에는 차라리 안 가는 것이 좋을 것이다.

악인이라도
웃는 얼굴에 나쁜 평판은 없다

업무성과가 회사에서는 가장 중요하다고 생각하지만 절대 그렇지 않다. 회사에서 개인을 바라보는 기준은 업무평가로 제한하지는 않는다. 개인이 받는 급여나 보상에 대한 평가는 업무평가로 이루어지지만 인사에 대한 평가는 꼭 업무평가의 점수로 따지지 않는다.

인사권은 평판에 의해서 좌우된다. 평판이라는 것은 하루아침에 결정되지 않는다. 오랫동안 사람에 대해서 지켜보고 느껴왔던 것들에 대해서 감지된 결과로 나타난다.

그래서 평판관리를 하라는 것이다. 자신은 업무 능력이 뛰어나기 때문에 좋은 보직을 받을 것이라는 생각을 하지만 절대 그렇지가 않다. 대다수의 사람들은 성과가 좋기 때문에 좋은 보직을 받는 것이 아니다. 평판이 좋기 때문에 좋은 보직을 받는 것으로 해석하는 것이 맞다.

내가 아는 A 기업 김 부장은 팀장 승진을 앞두고 있는데 2년 연속 승진에서 미끄러졌다. 팀장으로 승진한 사람 대다수는 고과 성적이 김 부장보다 못한 사람들이었다. 김 부장은 특별히 잘못한 것도 없었고 업무 고과도 높기 때문에 당연히 팀장 보직을 맡을 줄 알았다.

그런데 인사팀으로부터 왜 팀장 자지를 받지 못했는지 알 수 있었다. 김 부장은 업무평가 성적이 양호하지만 리더십이 부족하다는 사장님의 이야기가 있었다는 것이다. 그래서 자신이 늘 업무성과만 챙겨온 것이 그렇게 후회스러운지 몰랐다고 이야기한다. 다른 팀장들처럼 리더십에 대해서는 관심을 가지지 못했다. 일만 잘하면 팀장이 될 줄 알았는데 리더십이 있는지 없는지의 평판을 더 중요하게 생각하는 것을 보고 일보다는 리더가 되기 위해서 부하 직원들과 커뮤니케이션을 자주 가진다는 것이다.

회사는 개인을 바라볼 때 풍기는 분위기가 있다. 그런 분위기들이 평판을 만든다. 누가 더 일을 잘하느냐보다 누가 더 분위기 있게 일을 잘 끌고 가느냐를 회사는 더 중요하게 생각한다. 평판이라는 것은 하루아침에 바뀌지 않는다. 오랫동안 쌓아온 개인의 가치관과 일하는 스타일에서 나오는 것이다.

평판을 좋게 만들기 위해서는 가장 중요한 것은 불평을 늘어놓지 말아야 한다. 불평은 습관성이고 자신에게 득이 될 리가 없다. 불평의 목소리는 결국 자신의 상사 귀에 들어가게 되거나 인사 담당자에게 들어가게 돼서 회사에서 불필요한 존재로 찍히게 된다.

적극성과 문제 해결 능력만 보여줘도 자신에게 돌아오는 평판은 바뀔 수 있다. 그리고 무조건 친절하게 대해라. 그것이 무기가 되는 것이다. 상대방에게 호감 가는 사람들은 평판관리를 잘하는 것이다. 회사에서 근무하는 동안에는 모두가 자신에게는 고객이라는 생각으로 관리해라. 그런 노력 없이는 아무도 자신에게 좋은 평가를 주지 못한다.

보이지 않는 네트워크를 활용해라

미래를 보려면
기획부서에서 정보를 얻어라

회사에서 친밀도를 높여야 하는 부서를 뽑으라면 기획부서와 인사부서다. 그중에서 기획부서는 사업의 중요한 의사 결정을 하는 역할을 담당 한다. 당연히 사업을 관리하기 때문에 어느 곳에 자리가 나고, 어느 사업이 어떻게 변경되는지에 대한 운영전략을 조정하기 때문에 회사의 방향에 대해서 누구보다 쉽게 알 수 있다.

기획팀은 예산을 운영, 사업관리, 전략수립 등의 최고 의사 결정자들과 늘 함께한다. 그렇기 때문에 핵심 정보, 회사의 방향 등에 대해서 남들보다 빨리 알고 있다.

기획팀 사람들과 친밀도를 높이기 위해서는 업무 요청이 오면 적극적으로 대하라는 것을 말하고 싶다. 기획부서는 실무와 커뮤니케이션이 필수적이다. 기획부서 사람들과 친해지면 업무를 다양하게 배울 수 있는 기회도 생긴다. 기획력이라든지, 자료 작성의 방법 등을 적극적으로 배워라. 가령, 업무를 하다가도 기획부서의 동료에게 일하는 방법, 처리하는 방법 등을 자주 문의해 보라. 귀찮게 느껴지기보다는 알려주는 것에서 흥미를 느낄 것이다.

우리는 특별히 친한 사람들과 인간관계를 맺는 경향이 있다. 그중에서 기획팀 부서원에게 적극적으로 다가서기 바란다. 그렇게 되면 자신에게 배워지는 것들이 많아지게 된다. 특별히 친밀도를 높이기 위해서 자신이 어떻게 노력해야 되는지를 곰곰이 생각해 보라. 다른 부서 사람들과 좋은 인간관계를 맺게 되면 나중에 어려운 일이 자신에게 올 때 처리하기 쉬울 것이다.

어느 부서든 사이를 나쁘게 가질 이유는 없다. 친밀도를 높일 수 있다면 적극적으로 친밀도를 높여라. 저자는 핵심부서에 오랫동안 근무한 사람들과 많은 이야기들을 나눠보면 대다수 실무 부서 사람들에게 긴밀한 정보를 주고받음을 알 수 있었다. 상호 신뢰를 바탕으로 현업 부서에서 어떻게 생각하고 있는지에 대해서 종종 사람을 통해서 정보를 수집한다는 것이다.

당신이 남들보다 빨리 고급 정보를 습득하고 미리 대비할 수 있는 시간을 가지려면 기획팀 사람들을 자신의 사람들로 만들기 바란다.

기획부서는 야근을 많이 한다. 왜냐하면 기획부서의 역할은 회사의 총체적인 사업을 관리하기 때문이다. 기획력이 있는 사람들이 모여 있는 곳이지만 나름대로 고충이 많은 부서다. 그렇기 때문에 적극 도와주면 반드시 도움을 받을 수가 있다. 오늘부터라도 따뜻한 커피를 대접하면서 서로 고민들을 나눠보면 좋을 것이다. 회사는 분명히 친밀도를 높여야 되는 부서가 있음을 인식하고 적극적으로 기획부서에게 협조하기 바란다.

TF팀의 참여는
부서를 바꾸는 기회를 제공한다

직장 생활을 하다 보면 우수하다고 판단되는 사람들에게는 부가적인 일들이 생겨난다. 몇 개를 중복해서 TFT로 활동하기도 하고 단기간에 몇 개의 프로젝트를 참여하기도 한다.

당장은 힘들지만 자신의 가치를 높이기 위한다면 프로젝트 참여는 필수적으로 생각하는 것이 좋다. 프로젝트를 참여하게 되면 우선 참여한 사람들과 동질감을 형성할 수 있다. 회사 업무 이외에 친밀도를 높일 수 있는 기회가 사실 별로 없다. 장시간 프로젝트 회의를 통해서도 친밀도가 높아지고, 회사에 기여했다는 공동체 의식도 들기 때문에 나름대로 장점이 많다.

프로젝트에 참여하다 보면 여러 부서의 사람들과 함께 추진하는 경우가 많다. 프로젝트 참여의 비즈니스 모델은 단순하다. 함께 회의에 참석한 사람들에게 좋은 인상을 심어주라는 것이다. 그리고 마음껏 우수한 자신의 능력을 보여줘라. 물론 다른 일들로 지치겠지만 프로젝트에서는 단기적 성과를 측정하기도 어려울 뿐만 아니라 실행 결과까지 요구하지도 못한다. 남는 것은 사람들과 좋은 관계뿐이다. 그런 관계들을 상대방에게 잘 어필한다면 분명히 당신은 새로운 관계적 만남으로 어려울 때 도움을 받을 수 있을 것이다.

프로젝트는 단시간에 성과를 주목표로 한다. 고도의 전략과 방법들이 활용되고 몰랐던 부분을 학습하는 효과가 있다. 때론 컨설팅을 받기도 하고 벤치마킹을 할 수 있는 기회도 생긴다. 나중에 자신의 경력 부분이 추가된다고 생각하고 긍정적으로 받아들여라.

또한, 프로젝트는 업무성과로서도 인정받을 수가 있다. 회사에서 중요하게 생각하는 프로젝트에 참여한 것으로도 업무 이외에 충분한 기여로 생각한다. 현업 업무가 다소 미진하더라도 프로젝트의 의미를 더 중요하게 생각해라. 나중에 자신이 그 일을 맡을 수도 있다. 프로젝트는 다양한 일들을 만들어 내고 창조한다. 팀을 옮길 수 있는 기회가 될 수도 있다는 의미다.

당신에게 기회를 준 프로젝트 핵심 참모에게 귀찮은 반응을 보인다면 당신은 앞으로 프로젝트에서 배제될 것이다. 단기간에 이익을 생각하지 말고 장기적인 관계를 중요하게 생각해라. 그것이 회사 생활에서는 성장할 수 있는 지름길이다. 프로젝트 멤버들에게는 분명히 적극적인 모습을 보이고 전략적으로 접근하면서 자신의 역량을 발휘하는 기회를 가져라.

자녀 학자금은
그냥 주는 것이 아니다

회사에서는 나이에 따라서 직급이 결정되지 않는다. 회사를 다녀 본 사람은 이해할 것이다. 특히 성과주의 문화가 점차적으로 확산되는 요즘 직장은 나이보다는 능력을 더 중요하게 생각한다. 그런데도 나이 어린 후배가 먼저 승진했다고 불편하다고 느낀다면 당신은 바로 직장을 나가야 된다.

요즘 회사는 직급도 폐지되는 추세다. 연공서열이라는 의미가 점차 사라진다는 뜻이다. 즉, 성과와 능력만이 직장에서는 앞서 나갈 수 있다는 의미다. 나이는 존중되어야 하는 부분이 있지만 결코 회사에서는 나이를 가지고 봐주거나 하는 것은 없다.

그래서 때가 되면 승진도 해야 되고, 때가 되면 회사에 입사도 해야 한다. 너무 나이가 늦어져서 늦게 회사에 입사하면 그만큼 고통이 수반된다. 나이 어린 후배들이 먼저 승진하는 것을 보는 것은 흔하다.

그리고 아니꼽더라도 나이 어린 후배들 눈치를 봐야 한다. 당연한 시나리오라서 어쩔 수 없다. 그리고 상대방도 당신에 대해서 부담스럽게 생각하기란 마찬가지일 것이다. 회사에서는 나이를 잊어버리는 편이 낫다. 나이에 얽매여 있으면 아무것도 일하지 못한다.

회사에서 몇 년씩만 근무해 보면 나이로 자존심을 내세우면 어떤 결과가 초래된다는 것을 알 것이다. 그런 후회가 생기지 않으려면 열심히 노력하고 성과를 창출하도록 적극적인 사람이 되라.

나이만 많아서 움직이려고 하지 않는다면 결과적으로 누구도 당신을 부담스럽게 생각하지 않는 사람이 없을 것이다.

나이 먹은 직장인들이 원하는 것은 대부분 비슷하다. 그것은 자녀 학자금을 지원받을 때까지 직장을 무사히 다니는 것이다. 자녀 학자금 지원이 되는 직장은 요즘은 갈수록 줄어들고 있지만 대다수 대기업들은 지원이 아직까지도 되고 있다. 자녀 학자금 지원은 상당히 큰 복지 혜택이 아닐 수 없다. 30대 직장인들은 잘 이해가 안 가겠지만 40대 후반부터는 자녀들이 대학교 준비로 학자금이 많이 부담

되는 시기가 된다. 이때부터는 정말로 학자금 때문에 직장에 꼭 다녀야 한다는 사명감이 생기게 된다.

그런데 이런 모습을 직장에서 보이지 말아야 한다. 일은 제대로 못 하면서 학자금 때문에 조직 생활을 유지한다는 느낌이 들면 얼마나 직장 생활이 가시밭 같겠는가? 그런데 요즘은 어쩔 수 없는 현실이다. 학자금을 받기 위해서 40대 후반 직장인들이 얼마나 처절하게 직장에서 일하는지를 가족들이 알게 된다면 눈물이 날 것이다. 그런 모습들이 보이지 않기 위해서 40대 후반 자신이 어느 정도 영향력 있는 위치에서 제대로 받을 수 있는 날들이 오기를 기대해 본다.

살아남기 위한 방법을 연구해라

안 된다는 것을 인정하는 순간
회사 생활은 끝이다

사람들은 자신의 능력을 과소평가하는 경우가 많다. 더 노력해 보면 지금보다 더 좋은 위치에서 일할 수 있고 더 좋은 대우를 받을 수도 있는데 말이다. 노력하는 것들이 게을러서 그런 것도 아니다. 그런 것들은 이미 안 된다는 사고가 뇌에서 지배하고 있기 때문이다. 뇌의 반응은 미묘하다. 도전하려고 시도하면 과거에 안 되었던 경험, 그리고 자신에 대한 불신감 등이 더해져서 안 되는 사고가 강하게 자리 잡고 있게 된다. 처음부터 누구나 잘하는 법은 없다. 자신이 되는지 안 되는지는 시도해 보고 노력해 본 후에 결정해도 늦지 않는다.

단지, 당신의 뇌에 의해서 안 된다는 생각이 자리 잡혀 있어서 시도조차 하지 못하는 것들이 있다면 무조건 해 봐라. 그런 후에 안 되는 것들에 대해서 인정해라. 먼저 안 된다고 판단하고 하지 않는 것들이 너무도 많다. 우리가 판단하는 것들 중에서 가장 잘못된 판단은 안 될 것이라는 가정과 함께 포기하는 것이다.

그리고 지금 나이에 내가 해서 무엇하나라는 자포자기 심정이다. 지금 나이라는 것은 과거에는 어땠는가? 젊어서는 또 다른 핑계가 있었기 때문에 안 한 것이다. 수많은 직장인들과 대화를 해보면 직장을 떠나서는 아무것도 할 수 없는 존재감이라는 사실과 무엇을 해도 불안하다는 자기 불안감이 너무도 많이 휩싸여 있다. 그래서 우리의 인생은 늘 불완전하지만 그래도 만족하면서 생활한다. 언제까지나 불완전한 자기 자신을 믿으면서 살 것인가? 자신 스스로에 대해서 도전해 보아라. 무엇이든지 좋다. 자기가 정하고 목표한 것들에 대해서 안 된다는 사고를 바꾸고 한번쯤은 해보기 바란다. 설령 안 된다고 하더라도 도전해 본 경험 자체가 이미 발전되어 있는 것이다. 도전하면서 자신이 얻는 경험이 있고, 그 경험들이 모여져서 안 되는 사고가 전환된다.

나이가 50을 넘더라도 20대보다 더 능숙하게 소프트웨어를 다룰 줄 아는 사람들이 많다. 이런 사람들은 무엇이든 시도를 해보고 노력하는 것은 상식을 바꿀 기회를 제공한다는 것을 잘 알기 때문이다.

결국, 포기하는 것은 아무것도 할 수 없는 지름길이다. 직장 생활을 하면서 스스로에게 포기한 인생을 사는 것과 마찬가지로 살지 마라. 본인에게 무한한 가능성을 열어두고 경험하는 것 자체에서 새로운 것들을 느끼기 바란다.

사장은 잔소리에서
쾌감을 느낀다

회사의 사장은 고생은 되더라도 잔소리 없이 일해주기를 원한다. 그것이 모든 사장들의 심리다. 그런 희생 없이는 사장의 눈에 들어오기 어렵다. 자신 있게 정시에 퇴근하고 할 말 다하고 하는 직장인이라면 절대로 직장에서는 임원을 달지 못한다. 임원부터는 사장의 맘에 들어야 하고 그 임원의 말 한마디는 사장의 의사 결정에 도움이 되는 것들이어야 한다. 임원은 그냥 되는 것이 아니다. 충분히 일에 있어서 최강자라는 사실이 입증되어야만 한다.

사장은 회사를 전체 책임지는 사람이다. 잔소리와 불평에 대해서는 매우 싫어한다. 힘들고 지치더라도 군소리 없이 일하는 사람을 좋아할 수밖에 없다. 그래서 쉬는 날도 회사에 나와서 일하는 것에 대해서 겉으로는 왜 휴일에 일하느냐고 하지만 속으로는 은근히 좋아한다. 그것이 사장의 속마음이다. 자신의 것을 포기하지 못하면 사장의 측근이 될 수 없다. 그것은 본인이 판단해야 한다. 어설프게 사장 주위에서 일을 한다고 설치면 당연히 좋지 않은 인식만 증가될 뿐이다.

사장 옆에서 일을 하려면 자기 것을 희생해야 한다. 그 정도 수준이 되어야만 당신은 회사에서 더 좋은 혜택을 받고 좋은 자리에서 일 할 수 있는 기반이 된다. 만약, 일중독이 되어서 열심히 일했음에도 자신에게 돌아오는 보상의 수준이 낮거나 미래 자신의 자리가 불안전하다고 느낀다면 굳이 사장의 주위를 돌아다닐 이유가 없다. 고생만 죽도로 한다면 회사 다닐 이유가 없지 않겠는가? 대기업에서 회사의 사장 옆에서 일하는 사람들은 대다수 일을 열심히 하는 대신 그에 따른 높은 보상이 있기 때문이다. 남들 쉬는 휴일에 나와서 일하는 게 사장에게 잘 보이려고 하는 목적이 아니라 자신에게 돌아오는 좋은 평판과 보상 때문이다.

직장의 문화도 바뀌었기 때문에 사장 옆을 보좌하는 부서들도 자신들에게 돌아오는 보상과 혜택이 낮다고 판단하면 굳이 회사에 목숨을 걸지 않는다. 오히려 중심축에 들어가서 일하기보다는 사이드에서 자신이 해야 될 가치점을 높이고 적절한 수준에서 회사와 타협하며 일하는 사람들이 많아졌다.

하지만 회사 내에서 임원까지 가고 많은 보상을 받고자 한다면 사장 옆으로 무조건 가서 눈에 들어야 한다. 그것은 일을 잘하는 것보다 태도의 문제가 더 크게 보여짐을 명심하고 일중독자가 되어야만 인정받을 수 있기 때문이다. 임원의 승진 요건은 능력보다는 충성도에 있다는 것을 잊지 말자.

가정을 포기하는 사람은
미련하다

일과 직장 사이에서 우선순위를 둔다면 저자는 단연코 가정을 먼저 둘 것이다. 탄탄한 직장 위에 가정도 있겠지만 무리하게 가정을 포기하면서까지 직장에서 승부를 보려고 하지 말자. 가정은 한 번 시간이 지나면 다시는 돌이킬 수 없이 소중한 것이다.

회사에서 일을 잘한다고 해서 얼마만큼 성공하겠는가? 정말로 성공주의자라면 회사에서 목숨 걸고 일해야 하지만 그 결과가 과연 얼마나 자신에게 가치 있게 반영되는지 생각해 보자. 정말로 회사에서 충성을 다해서 성공한다면 가정은 포기해야 한다. 포기한 채 회사를 위해서 일한다고 해도 그 성공이라는 것은 작은 것에 불과하다.

일도 중요하지만 우선은 가정부터 지키라는 것이다. 물론 최악인 사람들도 있다. 일도 가정도 제대로 하지 못하는 사람들이 많다. 일과 가정을 포기한 사람들은 정말로 대책이 없다. 이런 사람들의 유형은 노후에 엄청난 고통이 따른다. 회사에서는 퇴직하게 되면 가정에서도 대접을 받지 못하기 때문이다.

한 가지를 확실하게 하겠다면 가정부터 챙기고 그다음 일을 우선시하는 것이 효과적이다.

요즘은 회사 생활에서 일 잘하는 사람들이 가정까지 잘 챙긴다. 직장 생활에만 결코 얽매이지 않는다는 의미다. 자신의 능력을 믿고 그 능력에 따라서 회사에 대해서 자신감이 있다는 뜻이다. 일을 열심히 하는 것과 능력껏 하는 것은 다르다. 무조건 열심히 한다고 해서 자신이 회사에서 인정받을 것이라는 착각을 버려라. 정말로 능력 있는 사람들은 몸을 바쁘게 움직이지 않는다.

가정생활에 충실하기 위해서는 효과적으로 일하는 방법을 배워라. 마흔을 넘게 되면 자리를 지키기 위해서 늦게까지 남아서 회사 일을 한다. 일이 아니라 자리를 지키는 행위가 남발되는 것은 정말로 경쟁력이 없다는 것을 의미한다. 차라리 그 시간에 가족을 위해서 따뜻한 시간을 자주 마련하는 것이 더 의미 있으리라 본다.

03

회사에서
혼자 가는 길을 걷는 법

회사를 나갈 때 깨닫게 되면 늦는다

작은 차이가 큰 것을 만드는 비결이다

생각을 여러 번 하게 되면 실행이 된다

권한이 있으면 책임이 따른다

평생이라는 말은 없다

상처가 많아질수록 강해지는 법이다

큰 것을 생각하면 고민이 많아진다

회사를 나갈 때 깨달으면 늦는다

명함의 가치를 깨닫게 될 때쯤은
늦었다

회사 생활을 하면서는 잘 모르는 것들이 있다. 자신이 다니는 회사의 가치와 자신이 하는 일이 어느 정도 인정받는지에 대한 정체성이다. 대부분 회사를 그만두게 되면 회사원의 명함이 얼마나 소중한지 느끼게 된다. 개인으로 살아가는 것과 조직에 속해 있는 것은 느끼는 강도가 다르다.

회사 밖을 나와서 개인적으로 무엇을 하려면 얼마나 어려운지 느끼게 될 것이다. 회사에서 근무할 때 느끼지 못했던 수많은 것들을 느끼게 된다. 회사가 얼마나 소중했고 회사의 조직이 자신에게 부여해 준 가치가 크다는 사실을 느끼게 된다. 사실 명함은 3~4만 원을 주면 만들 수 있다. 그 속에 어떤 내용을 담느냐가 문제이다.

그런데 회사 생활을 할 때는 이러한 가치부여를 잘 모른다. 특히

젊은 직장인들의 경우에는 더더욱 자신이 다니는 직장에 대한 가치
점에 대해서 별로 느낌이 없다. 그러나 외부에서 회사에 소속된 당
신의 명함은 어느 누가 봐도 회사를 대표하는 사람으로 인식하게 된
다. 그렇기 때문에 회사에서 제공하는 명함은 대단한 가치가 있는
것이다. 그래서 아무렇게 명함을 관리하면 안 된다.

당신이 사업을 한다고 가정해 보자. 개인 사업을 하는 당신은 회사
와 상대하게 될 경우 회사원에 대한 가치가 높게 인식될 수밖에 없
다. 아무리 조직에서 임원으로 근무하고 퇴사했다고 해도 회사에 소
속된 당신의 지위와 명함을 무시할 수가 없다.

반대로 회사에서 임원으로 근무를 했다고 해도 조직에서 나오는
순간 아무도 알아주지 못한다. 그리고 회사를 배경으로 하는 모든
것들은 사라진다. 결국은 개인이 되는 것이다. 즉, 조직 내에서 이런
원리를 깨닫고 함부로 사람 간의 관계를 해치지 말아야 한다.

회사에서 있을 때만 누구도 알아준다는 것을 명심해야 한다. 저자
도 회사를 과거에 그만두면서 여러 가지 느끼는 점 중에 한 가지는
회사의 명함이 정말로 소중했다는 점이다. 회사를 나가는 순간 회사
의 배경은 사라진다. 그래서 더더욱 회사에 소속되어 있을 때 명함
의 가치를 깨달아야 한다는 의미다.

당신이 다니는 회사가 소규모 중소기업일지라도 어찌 되건 회사에
소속되어 있기 때문에 회사를 대표한다는 사실을 명심해라. 그리고
중소기업에 다닌다고 해서 남들이 무시할지도 모르겠다는 생각을 버
려라. 나이를 먹고 회사를 나가게 되는 순간 당신의 명함이 그토록
소중하게 느껴질 것이다.

절대 연봉 때문에
직장을 택하지 말라

가끔씩 뉴스를 보면 대기업에서 30대의 젊은 나이에 CEO가 되거나 고액의 연봉을 받는 사람들의 이야기가 나온다. 그러나 대다수 직장인들은 연봉 기준이 엄격하게 적용되어 있고 급격하게 차등을 주지는 못하기 때문에 연봉이 비슷한 수준에서 결정이 된다.

직장 생활을 하면서 고액 연봉을 받는다는 것은 특수한 분야에 불과하다. 일반적인 직장인들의 연봉은 대다수 비슷한 수준이다. 결과적으로 직장 생활을 하는 동안에는 큰 연봉 인상을 기대하기란 쉽지가 않다. 정말로 특수한 분야의 업무를 담당하거나 고속 승진을 하지 않는 이상은 회사에서 정해진 연봉의 틀 안에서 움직일 수밖에 없다.

회사를 선택할 때 가장 합리적인 기준은 연봉보다 얼마나 자신에게 맞는 직무를 담당하고 회사가 성장할 수 있는 기회 요소가 많은지를 판단하는 것이다. 연봉은 그 후에 얼마든지 올라갈 수가 있다.

직장 생활을 하면서 연봉은 끌어 올리는데 한계가 많다. 발탁승진을 통해서 몇 단계 승진 연한을 줄여서 올라가는 것에 불과하다. 그런다고 연봉이 높게 뛰지는 못한다. 즉, 회사 생활은 파격적인 것이 없는 조직 생활이라는 점이다. 파격적으로 승진시키고 급여를 올려주는 행동을 하더라도 불과 몇 년을 빨리 갔을 뿐이다. 승진을 빨리해서 남들보다 더 많은 연봉을 받는다고 해도 직장 생활에서 급여의 수준은 몇 배를 뛰어넘지 못한다는 의미다. 그렇다면 연봉에 너무 연연할 이유는 없다. 직장 생활을 하면서 연봉을 많이 받고 덜 받고 차이를 논하는 것 자체가 의미가 없다.

연봉과 직장의 수명은 절대적인 상관관계를 가진다. 직장 생활의 리스크가 클수록 연봉도 높은 것이다. 당연히 일도 힘들고 남들보다 몇 배는 더 스트레스를 감당하면서 일한다면 연봉은 꽤나 높을 것이다. 하지만 이런 고강도 일보다 스트레스를 조금 덜 받더라도 보통의 연봉을 받는 것이 훨씬 더 낫다.

돈을 많이 받고 싶다면 지금의 환경을 바꿔야만 한다. 다른 일을 찾거나 완전히 새로운 업에 도전해서 기본 연봉이 큰 업으로 전환하는 것밖에는 없다. 직장 내에서 연봉의 수준을 끌어올리는 것은 아무리 노력해도 변화가 크지 않다는 것을 인식해라.

당신이 회사에서 받는 급여의 수준은 승진을 통해서 받거나 성과를 올려서 포상을 받는 형태를 크게 벗어나지 못한다. 더 높은 수준의 연봉을 요구한다면 그만큼 더 자신에게 투자를 해서 새로운 일을 하는 편이 나을 것이다.

회사에서
지식의 높고 낮음은 없다

아이들을 대할 때는 눈높이 수준에 맞추어서 이야기를 한다. 아이들도 어른들이 자신에게 대하는 태도를 보고 존중하는지를 판단할 수 있다. 대게 어른들은 아이들 수준이 낮을 것이라는 생각을 많이 한다. 하지만 절대로 그렇지가 않다. 오히려 당신이 대하는 수준이 낮게 들릴 수가 있다.

상대방에게 대할 때는 반드시 낮은 수준으로 대하지 마라. 당신은 상대방이 아는 지식도 모른다는 가정으로 낮은 수준으로 대하는데 그것은 잘못된 가치관이다. 사람을 대할 때는 자신과 눈높이를 맞추어서 대해야 한다. 그래야만 상대방에 대해서 존중하는 마음이 들고 관심을 갖고 있다는 의미를 가질 수 있다.

직장에서는 동등한 지식을 전달받고 소통하는 것에서 신뢰가 쌓인다. 아무리 어려운 것들이라고 해도 자신의 지식을 있는 그대로 전달해 주면 이해하지 못할 것들이 없다. 직장 생활 중에서 착각하는 것 중에 한 가지는 내가 알고 있는 것은 상대방은 모를 것이라는 생각이다. 그러나 이는 정말로 잘못된 생각이다. 의외로 커뮤니케이션에서 오해가 발생되는 측면은 상대방에게 무관심하다는 생각이다.

의사소통을 할 때는 수평적인 의사소통이 필요하다. 나는 잘 아는 분야라고 상대방은 모를 것이라는 가정으로 수준 낮게 본다면 오히려 상대방은 당신이 수준 낮은 사람이라고 판단할 것이다. 상대방을 인정하는 것은 당신이 아는 분야에 대해서 동일하게 이야기하고 설명하는 것이 필요하다. 그래야만 상대방은 '저 사람이 나를 인정하고 있구나'라는 의식을 갖추게 된다. 아이를 상대할 때도 '너는 수준이 낮으니 쉽게 대충 설명을 해도 된다'는 사고를 갖는데 그러면 '부모가 나를 무시하는구나'라는 생각을 가지게 된다. 부모는 아이를 대할 때 부모와 동일한 수준에서 생각을 전달하고 공유하는 것이 오히려 부모가 '나를 인정하고 있구나'라는 의식을 가지게 된다.

상대방을 대할 때 반드시 수준 낮은식으로 대하지 말고 자신과 동일한 수준으로 대하고 그것을 설령 이해하지 못했어도 이해할 수 있도록 노력해야 한다. 상대방이 모를 것이라고 착각하지 말아야 한다.

작은 차이가 큰 것을 만드는 비결이다

회사 생활의 기본은
메모하는 습관이다

메모하는 습관의 중요성은 어려서부터 늘 배워왔다. 직장 생활도 메모하는 습관만큼 중요한 것이 없다. 단순하게 메모를 하는 용도가 회의 내용을 작성하거나 중요한 것을 작성해서 점검하는 것에서 벗어나지 못한다. 하지만 회사 생활의 메모는 그런 일반적인 부분 이외에 창의성까지 연결하는 것을 필요로 한다.

요즘은 스마트폰이 대중화되었고 수많은 메모 기능들이 구현되어 있어서 언제 어느 때 메모를 편하게 할 수가 있다. 메모는 업무를 떠나서 사고력을 늘려주기 때문에 준비하는 습관을 만들어 준다. 메모를 통해서 늘 생각을 하게 되고 문제점에 대해서 관심을 두게 된다. 번뜩이는 아이디어를 메모지에 담는 습관은 훗날에 엄청난 경쟁력으로 다가오게 된다.

남들 앞에서 하고 싶은 말들에 대해서 메모를 해 두었다가 하는 습관을 만들어라. 그렇게 되면 당신이 하는 말에 대해서 상대방은 높은 신뢰감을 보일 것이다. 즉흥적이지가 않고 감흥을 전달하는 아이디어들로 설득력을 더하기 때문이다.

상대방을 대할 때는 항상 아이디어를 만들어야 한다. 창의력은 아이디어를 모으는 습관에서부터 시작하게 된다. 책 속에 지혜의 내용도 메모지를 통해서 메모해 둔다면 그 내용이 떠오른다. 그러나 메모를 하지 않고 책을 보면 다 읽은 책도 내용상 어떤 부분이 있는지 잘 기억나지 못한다.

책을 한 권 읽고서 한 달 후에 어떤 내용이 있었는지를 기억해 보라. 얼마나 많은 내용들이 기억나는가? 하지만 메모를 통해서 기억나는 것들을 작성해 두면 굳이 책을 펼쳐 보지 않아도 머릿속에 기억이 떠오르게 된다. 메모의 습관은 자신의 일에 대한 반응의 속도를 빠르게 만들어 준다.

어지럽게 책상 위에 메모지로 붙여 놓는 것은 결코 바람직하지 않다. 정돈된 메모지를 통해서 자신의 일과 스케줄에 대해서 꼼꼼하게 점검하고 관리해 나가는 습관이 빠트리지 않고 일을 효과적으로 만들 수가 있다.

당신이 오랫동안 작성한 메모지는 일의 흔적을 나타낸다. 훗날에 어떤 일들을 해왔고 어떻게 처리했는지 판단할 수 있는 자료가 될 것이다. 직장 생활을 하면서 자신이 해온 것들에 대해서 떠오를 수 있는 기억을 만든다는 것은 매우 흥미로운 일이지 않겠는가?

당신의 수준만큼
복리후생은 발전하는 것이다

연말이 되면 성과에 따라서 성과급이 결정이 된다. 개인에 따라서는 웃을 수도 있고 울고 싶을 수도 있다. 각자 선택한 기업의 영역에서 더 좋은 혜택을 누릴 수도 있고 그보다 못한 혜택을 누릴 수도 있다. 기업을 선택하는 것은 전적으로 당사자들의 문제이기 때문에 운이라고 볼 수도 없다. 단지 기업은 천차만별이고 어떤 기업은 계속 승승장구하는 기업이 있고 어떤 기업은 만년 적자에 허덕이는 기업이 있다. 하지만 이런 기업들을 선택한 것은 바로 당신이다.

기업을 선택할 때 복리후생을 많이 따진다. 이 기업은 어떤 복리후생이 있고 내가 혜택받을 것들이 무엇이 있다는 생각으로 회사에 입사하는 경우가 많다. 하지만 실제로 복리후생을 바라보고 기업에 입사하는 건 자칫 낭패를 볼 수 있다. 잘 알려진 기업들의 경우에는 좀 다르지만 신생 기업들의 경우에는 복리후생이나 직원들에게 잘해주는 대우를 홍보로 이용하는 경우가 많다. 복리후생을 목적으로 기업에 입사하면 기대하는 수준이 높아져 있어서 만족감이 오히려 떨어진다. 또한 회사라는 곳은 받는 만큼 일하게 되어 있다.

어느 기업이 좋든지 나쁘든지 간에 선택할 수 있는 권한은 우리들에게 있다. 직장 생활을 하다 보면 기업에게 우리는 많은 것들을 바란다. 뭐는 어떻고, 저렇고 그런 것들에 대해서 비교도 하게 되고 받게 되는 것들에 대해서 어느 정도 수준은 되어야 한다고 생각도 하게 된다.

하지만 회사는 더 좋은 서비스를 직원들에게 제공해 주기는 어렵다. 직원들 입장에서는 열심히 노력했는데 대우받는 것들이 없다고 생각한다면 당장 회사를 떠나야 할 것이다. 그렇지 않다면 불평불만 없이 회사를 다니는 것이 현명하다.

직장인들이 착각하는 것 중에 한 가지는 회사는 무한정 자신에게 좋은 서비스를 해 줄 것이라는 생각이다. 당신이 다니는 회사는 딱 당신 수준만큼만 대우해 주는 것임을 잊지 말자. 그리고 회사가 해 주는 혜택이나 복지 등에 초점을 맞추어 직장 생활을 한다면 오래가지 못한다. 회사의 비전과 앞으로 성장하는 가능성에 초점을 맞추어야 한다. 대부분 단기간에 회사의 이미지를 좋게 하기 위해서 겉으로 복지나 좋은 서비스를 직원들에게 대우해 준다고 현혹하기도 하지만 내부적으로는 실제 불합리적인 제도 등이 많다. 절대로 단순하게 복리후생이 모든 것들을 해결해 준다는 생각을 하지 말자. 당신이 받는 복리후생을 다 합쳐도 당신의 1년 치 급여는 되지 못할 것이다. 장기적으로 생각할 때 몇 년을 더 회사 생활을 통해서 급여를 받는 것이 더 효과적일 것이다.

일을 할 때는
작업을 하지 말고 학습을 해라

당신은 회사에서 학습을 얼마나 많이 하는가? 이런 질문에 대한 답변을 한다면 대부분 거의 못 한다고 대답할 것이다. 회사라는 곳은 업무를 하는 곳이지 공부하는 곳이 아니기 때문이다. 그렇다. 하지만 직원 입장에서는 업무를 하는 동시에 학습을 해야 한다. 자신의 프로젝트에 대해서 좀 더 알기 위해서 서적을 찾아봐야 하고 각종 정보와 데이터를 분석해야 한다. 일이 곧 학습인 것이다. 그러나 우리는 지금까지 알고만 있던 지식을 가지고 단순하게 작업하는 것을 능력이라고 생각해 왔다. 작업은 작업일 뿐이고 학습은 새로운 것들을 받아들이는 노력이다.

단순하게 작업을 반복해서는 직장 생활에서 오래갈 수가 없다. 새로운 것들을 창조하기 위한 활동은 연구 활동을 통해서 새로운 것들을 배우는 학습을 해야만 한다.

대게 직장인들은 처음 입사했던 지식과 지금까지 회사를 통해서 업무를 진행했던 것들을 합해서 능력이라고 말한다. 당신의 능력은 학습 효과가 없이 진행되어 왔기 때문에 단순한 작업 정도밖에는 안 되는 수준인지 점검해 보기 바란다. 10년이 되도 20년이 되도 늘 반복되는 자신의 경험을 능력이라고 생각한다.

하지만 작업적인 능력은 효율을 따지면 시간을 투여해서 빠른 일 처리 과정을 내는 숙련성밖에는 나올 것이 없다. 반면에 학습의 효과를 극대화한다면 숙련성이라는 차원을 넘어서서 더 높은 생산성에 맞는 측정이 가능한 것들을 만들어 낸다. 이를테면, 시간을 투여하고 더 좋은 제품을 생산할 수 있는 설계 변경이 해당된다.

자신에게 새로운 것들을 얼마나 많이 받아들이고 창조해 왔는지 점검해 보기 바란다. 만약, 단순하게 작업 활동에만 열을 올렸다면 자신이 아는 범위가 매우 축소되어 있고 지금 하는 일 이외에는 잘하지 못할 가능성이 크다. 회사에서 성장하기 위해서 부단히 학습하고 지금의 구조를 더 뛰어넘을 수 있는 창조적인 결과물을 보여 준다면 당신은 분명히 직장에서 성공할 수 있는 자격이 있을 것이다.

지금부터라도 늘 해오던 일을 벗어나서 자신의 일을 창조적으로 수행할 수 있는 능력을 창출하기 바란다.

직장 생활을 단순하게 자신이 해 온 일만 반복적으로 수행한다면 작업밖에는 안됨을 명심하고 작업을 뛰어넘는 새로운 생산성을 창조하는 학습에 끊임없이 매진해 보기 바란다.

성공의 포인트는
쉼 없는 자기 계발에 있다

자기 계발은 직장인들에게 필수적이다. 40대건 50대건 자기 계발을 하지 않으면 그만큼 자기 경쟁력은 낮아진다. 외부에서 봐도 그렇지 않겠는가? 자기 계발은 계획만 거창하게 세워서도 안 되고 실제로 자신이 하는 것들에 대해서 명확하게 점검하고 관리해야 한다. 하지만 자기 계발은 자신에게 도움이 되어야 하고 쓸모가 있는 구체적인 목표이어야 한다. 그래서 무엇이든지 확실하게 해야 한다. 자기 계발은 다음과 같은 목표를 가지고 해라.

첫째, 결과물이 나오는 확실한 자기 계발을 해라. 그리고 누가 보더라도 자극을 받을 만큼의 자기 계발을 해라. 정말 미친 것 아니냐는 소리가 나올 정도로 매진해야 한다. 영어 스터디나 어학공부에 주력하는 경우라면 그냥 학원을 다닌다거나 그런 것은 의미가 없다. 성적으로 증명해라.

둘째, 학력의 굴레에서 벗어나라. 직장인들은 학력이 정해져 있기 때문에 자신은 공부를 더 해도 의미가 없다고 생각한다. 그렇지 않다. 직장 입사는 학력의 기준이 될 수 있지만 직장 생활을 하면서는 경력과 자기 노력에 대한 결과를 따진다. 만약, 공부를 한다면 대학원 생활을 하게 되는데 그것도 확실하게 자기 계발을 해라. 석사를 밟아서 요즘에는 인정받기가 어렵다. 더 노력해서 박사 코스까지 밟는다는 목표를 세워라. 그리고 전문가가 된다는 목표를 세워라.

셋째, 직장 생활을 뛰어넘을 수 있는 자기 계발을 해라. 일반적으로 어학, 자격증 등 다양하게 자기 계발을 할 수 있다. 회사의 업무에 도움이 될 수도 있지만 더 나가서는 자신의 업이 될 수도 있다는 생각으로 해라. 그래야만 더 적극적으로 노력할 수 있고 배울 수 있다. 자격증을 취득하더라도 나중에 사회에서 도움이 될 수 있는 희소한 자격증을 취득하거나 영어를 배우더라도 회화보다는 무역영어나 실무에서 도움이 되는 영어를 배우는 것이다.

넷째, 배움에 돈을 아까워하지 마라. 자기 계발을 하면서 가장 어리석은 것은 자신에게 투자하는 것을 인색하게 생각하는 사람들이다. 이런 유형에 사람은 나중에 조기 퇴직할 때 대부분 깨닫는 사람들이 많다. 저자는 회사 생활을 하면서 이런 사람들을 너무도 많이 지켜봤다. 자기 계발을 게을리해서 회사에서 어려움에 처한 사람들도 많이 봤고, 조기 명퇴를 한 사람들도 많다. 외부에서 봐도 자기에게 투자하나 안 한다면 무능력을 떠나서 월급만 받아간다는 생각에 사로잡히게 된다. 무조건 젊어서부터 적극적인 자기 계발에 매진해야 한다. 그러면 이 저자의 뼈 있는 의미를 나중에 알게 될 것이다.

생각을 여러 번 하게 되면 실행이 된다

절대로 부정적인 말을
옮기지 말라

회사 생활에서 가장 중요한 원칙 중에 한 가지는 말을 조심하라는 것이다. 말이 옮겨지는 것은 순식간이다. 특히 남을 험담하거나 좋지 않은 이야기를 옮기게 되면 언젠가 그 이야기가 당사자에게 들어가게 된다.

회사에는 꼭 부정적인 말을 하거나 안 좋은 이야기로 상대방을 험담하는 사람들이 존재한다. 3번 이상 동일하게 자신의 불만 사항이나 타인을 험담하는 말을 옮기게 되면 이미 당신은 많은 사람이 당신에 대해서 좋지 않은 시각으로 보고 있다는 것을 명심해라.

회사에서는 절대로 남의 이야기를 늘어놓지 마라. 회사의 원칙에서는 비방하고 불만을 토로하는 사람에 대해서 항상 예의주시하고 있다는 사실을 잊지 말자. 회사는 누가 어느 곳에서 회사에 대한 이야기를 어떻게 하고 있는지 수시로 감시하는 부서들이 있다. 그 부서의 역할이 직원들의 동향과 태도 등에 대해서 보고서를 작성하는 것이다. 그렇기 때문에 항상 그들은 보고할 것들을 찾아 나서고 있고 그 정보를 수많은 사람들에게서 수집하게 된다. 결국은 당신의 말 한마디가 그 사람들의 귀에 들어가게 되어 좋지 못한 결과들이 나오게 될 수 있다는 뜻이다.

항상 조심해야 될 것은 회사 조직에서 불만과 불평을 늘어놓게 되면 퇴출당하는 1순위라는 사실이다. 특히 상사와 이야기를 나눌 때는 남을 비꼬거나 나쁜 어투로 말하지 마라. 상사는 당신의 말하는 태도부터 점검하고 내 사람인지 아닌지를 평가한다. 절대로 상사와는 남에 대해서 평가하지 마라. 자신은 중립적인 태도를 지킨다는 인식이 들도록 해야만 신뢰라는 것이 쌓이게 된다. 안 좋은 모습을 보더라도 그것을 말로 표현하지 마라.

남에게 이야기할 필요도 없다. 회사 생활에서는 당신의 업무 스타일뿐만 아니라 습관에 대해서 명확하게 더 크게 인식한다. 나와 한 배를 탈 사람이라는 인식이 들도록 하려면 중립을 지켜라. 중립을 지키면 남들이 오히려 많은 이야기를 전달해 줄 것이다. 저 사람만큼은 중립적이기 때문에 이야기를 해줘도 옮기지 않을 것이라는 가정이 생기기 때문이다.

가진 것을 포기해야만
얻어지는 것이 있다

직장 생활을 하다 보면 가정생활에 대해서 고민하기 시작한다. 결혼 후 아기가 태어나면서부터 본격적으로 가정이라는 울타리가 형성된다. 가정생활이 요즘은 맞벌이로 행복하다는 인식이 낮아지고 있는 것이 현실이다. 잦은 야근이 반복되면 집에 퇴근하는 시간은 늦게 되고 부부라고 해도 얼굴 볼 시간이 많지가 않다. 이런 생활이라면 가정은 행복하기가 어렵다.

결국은 많은 직장인들이 맞벌이를 하면서 어떻게 하면 행복한 가정을 유지할까라는 생각들을 한다. 과감하게 자신을 버린다면 행복해 질 수가 있다. 우선, 직장 생활의 변화가 필수적이다. 빡빡한 일정을 소화해 내는 직장을 다니면서 가정의 행복을 추구한다는 것은 어렵다. 돈을 벌어도 쓸 시간이 없다는 말과 같다. 행복하고 싶어도 행복을 위한 시간을 쓸 수 없기 때문이다. 결과적으로 일과 행복은 동시에 가져다주지는 못한다. 한쪽을 포기해야만 가능하다.

돈이 행복을 가져다줄 것이라는 생각을 하지만 전혀 그렇지 않다. 저자의 동료는 국내 유명한 외국계 컨설팅 회사에 다니고 있다. 그 친구는 하루 24시간이 모자랄 정도로 일에 매진하는데 대단한 집중력으로 프로젝트를 수행해 내고 있다. 하지만 많은 사람들이 좋다고 생각하는 컨설팅 회사를 박차고 나가서 다른 일들을 한다는 것이다. 자신의 행복을 위함과 남과 같은 인생을 살지 않겠다는 사고에서 나온 행동일 것이다.

대기업에 다니다가 중견기업 혹은 중소기업으로 옮기면 가정에 시간투자가 많아질 수 있다. 혹은 안정적인 공기업이나 경쟁력 있는 중소벤처 기업에 다닌다면 오히려 가정에 행복을 줄 수 있다. 자신이 가지고 있는 기득권을 포기해야만 가정에 시간을 투자할 수 있다. 빡빡한 일정에서 가정에 시간을 내서 아이와 놀아주는 일은 쉽지 않은 일이다. 가정을 가장 먼저 생각한다면 직장도 자연스럽게 가정에 투자할 수 있는 여유 있는 곳을 찾는 것이 현명하다.

그것이 나이를 먹게 되면 오히려 더 잘했다는 생각이 들 때가 많을 것이다. 벅찬 일정을 소화해 내고 많은 야근 속에서 돈은 많이 벌더라도 아이와 함께 많이 놀아주지 못한다면 나중에 두고두고 후회가 되기 때문이다. 직장 생활은 자신부터가 행복해야 하기 때문에 하는 것이 아닐까?

사무실에서만 근무하면
퇴직 후에 실업자가 된다

회사를 떠나면 남는 것은 퇴직금, 막연함, 돈 들어갈 곳, 가지 않는 시간, 외로움, 가족 눈치 등이다. 좋은 것은 하나도 없을 것 같다. 회사를 나오는 순간 정말로 혼자가 된다. 외로움과 싸워야 하는 시간들이 많아진다. 그러다가 이것저것 할 일들을 찾아보는데 마땅한 것들이 없다. 다른 분야는 잘 알지도 못하고 소일거리라도 찾는데 쉽게 나이 많은 사람을 써 주는 곳이 없다. 이것이 퇴직하게 되면 경험하게 되는 직장인들의 현실이다.

퇴직은 누구나 하게 된다. 시간의 문제일 뿐이다. 그런데 그냥 생각 없이 퇴직하면 대다수 막연함과 무계획적인 느낌밖에는 없다. 하지만 준비된 퇴직은 다르다. 준비된 퇴직에서 남는 것은 계획, 자신감, 설렘, 도전 정신, 떳떳함 등이 남는다. 퇴직을 계획하고 미리 자신이 해야 할 일들을 계획한다면 그것은 확실히 다른 삶에 대한 기대감이 강하다.

저자는 준비된 퇴직을 꿈꾸고 제2의 인생에 대해서 설계하라는 말하고 싶다. 퇴직하는 사람들은 회사에만 의존하고 회사를 나와서도 회사를 떠나지 못한다. 하지만 자신이 해야 될 것들에 대해서 미리 준비를 해 놓은 사람들은 확실히 여유가 있다. 그리고 자신감 있고 영업적 마인드가 뛰어나서 새로운 돌파구가 창출된다. 노후를 위해서 펜션을 오래전부터 운영하기로 한 퇴직자, 자신의 업을 바탕으로 무역회사를 세워서 운영하는 퇴직자 등 다양하게 준비하는 삶을 산다면 퇴직은 절대로 무료하지 않다.

회사에서 퇴직이라는 의미는 회사를 나간다는 의미일 뿐이지 더이상 일을 하지 않는다는 의미가 아니다. 70살까지는 자신감 있게 일 할 수 있는 나이라는 점을 잊지 말자. 직장인들이 가장 아쉬운 점은 퇴직 후에 할 것이 없다는 것이다.

그것은 회사만 의존되어 생활했기 때문이다. 특히 사무실에서만 앉아 있으면 퇴직 후 무엇을 할 수 있겠는가? 나이가 좀 먹고 하면 현장으로 나가기 바란다. 현장을 바라보면 답이 보인다. 퇴직 후에 내가 할 수 있는 것들이 보이기 시작하고 많은 사람들과 이야기를 나누면서 경험이 늘어나게 된다.

절대로 사무실에만 있지 말라. 이것은 당신이 정년퇴직까지 회사를 다닌다는 생각만을 하는데 퇴직 이후의 삶이 더 소중한 것이다.

처음은 관리적인 일을 배우고 관리자가 되면 영업부서로 가서 경험
하는 것이 가장 합리적이다. 영업은 자신이 사회 속에서 어떤 일을
하고 사람 간에 어떤 관계를 맺어야 되는지를 알게 해 준다. 그리고
퇴직 후에 당연히 인간관계로 더 폭넓은 관계를 형성할 수 있게 만
든다. 당신의 주위 사람들을 봐라. 많은 사람들이 퇴직 후에 무엇을
하는지 판단해 보라. 영업부서에서 일한 사람들은 대부분 사무직보
다 한발 빠르고 준비된 퇴직을 맞이하는 사람들이 많다.

권한이 있으면 책임이 따른다

권력이 생길 때
바보가 되는 이유는 단순하다

직장의 냉혹한 현실을 이해해야 한다. 남에게 깊은 상처를 주거나 남에게 불행을 전가하게 되면 언젠가 부메랑처럼 되돌아온다. 우리는 흔히 조직 내에서 악당 역할을 맡게 되는 경우가 종종 생긴다. M&A를 하거나, 인력을 퇴출시키거나, 구조조정을 하거나 등 여러 가지 구조에서 나올 수 있는 모습이다. 퇴출시켜야 되는 사람이 조직의 명령으로 일을 진행하더라도 향후 자칫 잘못된 모양으로 좋지 않은 곤욕이 따를 수 있다.

조직은 이런 일들에 대해서 때로는 강요하게 된다. 누군가를 집에 보내야 할 경우 어떤 명분을 만들어 내기도 한다.

그런데 이런 일들을 담당하는 담당자는 조직에 충성하는 일이라고 판단해서 더 악착같이 사람들에게 상처를 주곤 하는 데 이건 정말 바보 같은 짓이다. 회사는 절대 책임져 주지 못한다. 생각지 못한 승진과 포상금이 따라줄 수는 있겠지만 사람에게 못된 행동을 할 경우에 돌아오는 것은 비난과 평가뿐이다.

지금 일하는 업계의 범위가 생각보다 좁다. 그런 곳에서 자신은 회사를 위해서 일한다고 하지만 너무 큰 적대감은 결과적으로 자신도 꼼짝 못하는 덫에 걸리고 만다. 언젠가 직장인은 회사를 떠나기 때문이다. 그래서 항상 사람에게 상처를 주는 일은 신중하고 조심성이 있어야 한다는 의미다.

당신은 회사 조직을 얼마만큼 신뢰할 수 있겠는가? 회사라는 곳은 사람이 바뀌면 딴 세상이 된다. 믿고 따랐던 상사가 어느 날 갑자기 사라져 버리고 뒤처리는 모든 것들이 자신에게 감당 되어 오는 것이 현실이다. 이것은 직장에서는 진리다. 그러나 아직도 완장만 채워주면 모든 일들을 도맡아서 처리하는 해결사 역할을 한다면 그것은 위험한 발상이다.

한 개인을 위험에 빠트리거나 막강한 권한이 생겼다고 해서 코너에 몰아넣게 되는 행위는 직장 조직 내에서 가장 어리석은 행동 중에 하나이다. 아무리 위에서 시키는 행위가 발생되더라도 이해시키고 잘 타협해서 마무리하는 것을 권한다. 갑과 을이라는 관계가 영원할 것 같지만 언젠가 뒤바뀌는 꼴도 많다. 회사를 위해서 충성하는 것은 중요하지만 억지로 타인에게 상처 주는 충성은 굳이 할 필요가 없다는 점을 인식하기 바라며 당신도 상황이 바뀔 수 있는 경우는 언제든지 가능하다는 점을 명심하기 바란다.

리더는 팀의 성과를
생각할 수밖에 없다

직장 생활은 단걸음에 끝나는 경기가 아니다. 장시간을 뛰어야 하는 마라톤과 같다. 단시간에 자신을 드러낼 수 있을지는 모르지만 장시간을 한결같은 모습을 보이는 것은 쉽지 않다. 자신을 숨김없이 보여주고 신뢰관계를 쌓게 되면 어느 사이 자신에게 마음의 문을 여는 것이 사람 관계다. 단기간에 일을 성사하기 위해서 잘못된 방법으로 신뢰를 깨트리는 행위를 해서는 안 된다. 직장 생활은 10년, 20년을 두고 멀리 보면서 신뢰를 쌓아 나가는 과정이다. 요즘은 조급함으로 살아가는 사람들이 너무도 많다.

1년과 2년 그 시간들이 너무도 길게 느껴지곤 한다. 일이 힘들거나 처음 적응해야 되는 시간에서는 더욱 그렇다. 하지만 1년, 2년의 시간은 안가더라도 10년은 금방 지나간다는 말이 있다. 그만큼 멀리 보면서 조급해하지 말아야 한다.

어찌 보면 요즘은 성과주의의 확산으로 경쟁 관계에서 회사라는 공간은 삭막해져 가는 것을 느낀다. 서로 간에 격려와 칭찬보다는 이겨야 한다는 생각들로 가득 차 있는 경쟁사회에서 직장 생활이 더욱 살벌해지는 것은 당연하다. 하지만, 천천히 때로는 자신이 걸어가는 길에 대해서 뒤돌아보는 여유도 필요하다.

오랫동안 회사 생활을 해온 사람들은 대부분 시간이 지나면 모든 것들이 해결된다는 이치를 아는 사람들이다. 위에 선배들도 다 거쳐 왔고 지금 자신도 거쳐 가고 있다는 사실을 안다. 그렇기 때문에 조급함보다는 냉철하게 직장 생활을 한다.

만약, 단기간에 승부를 보는 것을 좋아한다면 직장과는 거리가 멀다. 특히 팀장이 되면 팀원 개인의 성과에 대해서 챙기기보다는 팀의 성과를 더욱 중요하게 생각한다. 개인이 아무리 뛰어난 성과를 창출하더라도 팀의 발전을 위해서는 보조를 맞춰야 한다는 사실을 기억해라. 너무 앞서 나가면 팀장의 입장에서는 감당이 되지 않는 경우도 많다. 개인의 성과를 짧은 시간에 달성하는 것은 중요하지만 조직은 개인보다는 팀의 성과에 더욱 관심을 가지고 있다는 것을 기억해라.

평생이라는 말은 없다

이직은 횟수를 줄이고
전략적으로 해라

이직 횟수는 직장 생활에서 3번 이내로 제한해야 한다. 이직횟수가 너무 많으면 신뢰성에 금이 가기 때문이다. 누구나 그렇지 않겠는가? 회사에서 채용하려는 사람은 정년까지 다니길 바라는 맘으로 채용한다. 그런데 이직이 잦은 사람은 신뢰성이 떨어지게 된다. 이직 횟수는 정말로 자신의 학력만큼이나 꼬리처럼 따라다니는 것이기 때문에 쉽게 결정해서는 안 된다.

생각보다 자신이 일하는 업계가 매우 작다. 평판조회로도 충분히 과거의 행적을 알 수 있기 때문에 이직은 횟수를 최소화하여 가급적 어려움이 있더라도 이직보다는 회사 내에서 먼저 해결하는 지혜가 필수적이다.

직장에서 이직만큼 관심 있는 것들도 없다. 누구나 회사 생활에

만족하는 사람은 없다. 새로운 환경, 문화에서 근무하고 싶은 욕구는 누구에게나 있다. 그래서 채용 인터넷 업체나 헤드헌팅들이 넘쳐나면서 다들 먹고 살고 있다. 그만큼 채용 시장은 시대가 갈수록 더욱 전문화되고 세부화된다. 인력에 대해서 검증 시스템도 더 철저해지는 추세다.

이직은 직장 경험에서 꼭 필요하다고 본다. 다만, 횟수가 너무 자주 반복되다보면 습관성이 돼서 언젠가는 자신에게 발목 잡히는 경우가 된다는 것을 알아야 한다. 이직은 주로 대리급이나 과장급에서 활발하게 이루어진다. 특히 과장급을 기업에서는 가장 선호한다. 왜냐하면 과장 정도면 바로 성과로 이어질 수 있고 가장 적극성을 보이는 직급이기 때문이다. 물론 대리급도 이직의 기회가 많다. 좋은 기업에 이직하기 위해서는 자신만의 경력 관리를 잘해야만 가능하다. 기업에서 어떤 성과를 올렸으며, 어떤 프로젝트들을 했는지가 매우 큰 관심사이기 때문이다.

이직에 성공하기 위해서는 다음과 같은 것들을 고려해 볼 수 있겠다. 첫째, 자신의 직무에 대한 성과가 명확할 것. 둘째, 목표 회사를 정하고 지속적으로 기업의 채용 정보를 파악할 것. 셋째, 면접에 대해서 사전에 경험자를 동원해서 잘 파악해 둘 것. 넷째, 이직의 근거가 명확할 것 등이다.

물론 이직을 전략적으로 활용하면 나중에 자신이 하는 경력에 도움이 될 수 있다. 그래서 목표를 분명하게 잡고 이직을 해야만 후회하지 않는 법이다. 단순히 연봉이 낮다고 이직을 하거나 직무가 불만족스럽다고 이직을 하는 것은 옳지 않다. 더군다나 사람 때문에 스트레스를 받아서 이직을 한다면 더욱더 권하고 싶지 않다. 이직의 문제로 해결될 것들이 아니기 때문이다.

이직을 하는 목적은 자신이 가야 될 길에 대해서 커리어상 도움이 된다거나 나중에 진정으로 하고 싶은 일에 대해서 경력 관리상 유리한 측면이 있다거나 하는 정도가 되어야 한다. 그리고 이직의 원칙은 연봉이나 복리후생이 낮더라도 브랜드가 있는 지금의 직장보다 더 큰 곳으로 옮기라는 것이다. 장기적인 관점에서 나중에 도움이 충분히 될 것이기 때문이다.

그러나 맹목적인 이직은 자신을 지치게 만들 뿐만 아니라 조직의 경력에 전혀 도움이 되지 못한다. 이직을 많이 해본 경험자들의 조언을 충분히 듣고 실행에 옮기는 것이 현명하며 회사 생활은 어느 곳을 가더라도 비슷한 수준이라는 것을 명심해라.

물론 직장인이라면 누구나 더 좋은 환경에서 근무하고 싶어 한다. 그리고 자신의 능력에 대해서 시험하는 것은 당연히 필요하다. 그래서 저자는 이직은 당연히 직장인에게 필요하고 자기 계발 측면에서도 합리적인 선택이라고 생각한다. 그래서 옮기게 된다면 지금 수준보다 더 큰 직장의 영역에 옮기는 것을 적극 추천하고 싶다. 비슷한 수준이나 더 낮은 직장으로 옮기는 것은 신중하게 생각하기 바란다.

직장인이 된 이상 이직은 필수적인 경험이 필요하다. 한 직장에 오랫동안 머물기보다는 적극적으로 자신의 일에 대해서 경쟁력을 갖추는 것은 백번 찬성이다. 평생직장 생활 동안에 3~4번 정도의 이직이 적당하다고 생각하며 자신의 경력을 어떻게 관리할지 한번쯤 고민해 보기 바란다.

회사와 평생하고 싶다면
열정을 바쳐라

지금 근무하는 회사에 당신은 얼마나 많은 열정을 쏟아붓는가? 그저 그런 회사라면 당신은 별로 관심을 두지 않을 것이다. 회사라는 곳은 그만한 회사의 수준에 따라서 사람들이 모이고 다니는 것이다. 회사 수준보다 넘쳐나는 능력을 가진 사람도 필요 없고 부족한 사람도 회사에서는 필요가 없다.

회사는 딱 그 수준에서 적절하게 급여가 제공되는 것이고 넘치지 않는 수준에서 일의 양이 제공되는 것이다. 그런 측면에서 회사에 대해서 불평불만을 할 이유가 없다. 회사가 싫으면 떠나는 것이지 불평불만을 한다고 해서 달라지는 것이 없기 때문이다. 회사는 당신의 수준을 그 정도로밖에 인정하지 않기에 그 수준으로 급여를 주는 것일 뿐이다.

회사를 착각하는 것 중에 한 가지는 자신의 능력이 이 정도 수준이 되기 때문에 그 이상의 요구 조건을 내세우는 경우가 많다. 이는 잘못된 판단이다. 회사에서는 당신의 능력을 어느 정도 충족시켜 줄 수 있지만 그 이상의 능력을 발휘하도록 요구하는 것이 당연하다. 지금 다니는 회사가 싫다면 떠나는 것이고 떠나지 않고 다니는 것은 당신이 그만큼의 수준이기 때문에 다니는 것이다.

당신은 회사에 대해서 적절한 시기에 판단을 해야 한다. 자신의 능력보다 뒤처지는 회사라고 해도 당신은 최선을 다해서 회사의 일에 매진해야 한다. 그렇지 않으면 당장 떠나기 바란다. 우유부단한 태도로 회사에서 지내는 것은 모든 사람들에게 좋지 않은 시선이 제공되기 때문이다. 그렇지 않다면 당신은 회사에 최선을 다해 주고 평생토록 같이 가야 될 공동체로 인식해야 한다. 그것도 아닌 채 팔짱만 끼고 있다면 당신은 불필요한 존재가 될 것이다.

회사와 직원 간에는 여러 가지 고려되는 문제들이 있다. 그중에서 회사는 직원에게 더 좋은 급여를 주고 대우를 싶지만 지금의 수준에서 크게 벗어나지 못한다. 그리고 직원은 일을 더 열심히 하고 싶지만 더 일을 할 목적이 없다는 의식이 강하기 때문에 적당한 수준에서 일하게 된다.

중요한 것은 당신이 지금 다니는 회사에 대해서 어떤 판단을 하든지 평생을 같이 가야 될 회사로 본다면 팔을 걷어부치고 솔선수범해서 평생을 다닌다는 각오로 뛰어라. 그렇지 않다면 회사에서 쓸모없는 사람으로 취급받게 될지도 모른다.

상처가 많아질수록 강해지는 법이다

그럭저럭 직장 생활하려면
답이 없다

이 질문에 답을 한다면 어떨까? 먹기 위해서, 아니면 돈을 벌기 위해서 살아가는 것일까? 정답은 없지만 삶의 행복감을 위해서가 아닐까 생각한다. 삶이 괴롭고 힘든 사람들은 하루가 지겹다. 자신에 대한 존재감이 없을 것이고 내가 하는 일에 있어서도 지루함이 그지없을 것이다. 직장 생활은 어떤가? 만족스러움을 느끼는 사람은 많지가 않다. 같은 일을 반복하고, 스트레스받고, 상사와 부하와 갈등 관계가 대립되고 여러 가지 복잡한 시나리오들이 나온다.

그렇다면, 직장에 다니는 본질적인 목적이 무엇인가? 이 질문에 대한 답은 뻔하다. 돈을 벌고 생활하려는 목적과 함께 자아실현이라는 꿈이 존재하기 때문이다. 이 또한 개인마다 다를 것이다. 돈만 많이 벌면 어떤 일을 하든 좋다고 느끼는 사람들도 있을 것이고, 아무리 돈을 줘도 자신이 좋아하는 일을 하고 싶은 사람도 있을 것이다. 직장 생활에서도 만족감은 얼마든지 찾을 수 있다. 다만, 모든 사람들이 누리지 못할 뿐이다. 비좁은 임원의 자리에 오르는 것은 포기한 지 오래되고 어떻게든지 돈을 벌어서 생활비를 충당해야 하는 현실인지라 다른 맘은 생각하지도 못하는 것이 현실이다.

그런 생활에 익숙해져 있어서 직장 생활은 어떻게 보면 당연하게 해야 되고 또 어떤 가치점을 생각하기보다는 필수적으로 할 수밖에 없는 일이 되어 있다. 내가 하고 싶어서 하는 것과 내가 해야만 하는 일과는 분명히 차이가 있다.

당신은 어느 쪽인가? 최소한 어느 정도 직장 생활을 해왔다면 자신이 하는 일에 대한 목적은 알고 가야 하지 않을까? 대부분은 해야만 하기 때문에 하는 것이 많다. 자신이 하고 싶어서 하는 동기부여는 그리 많지가 못하다. 세상의 이치가 그렇다. 내가 좋은 것만 하면 그것은 좋은 결과를 가져다주지 못할 때가 오히려 더 많다.

왜냐하면 다른 모든 것을 포기해야 하고 불완전한 삶을 살 가능성도 배제하지 못한다. 정형화되어 있고 맞추어진 틀 안에서 살아가는 것은 어느 정도 안정적인 면이 있다. 우리는 그런 것들을 더 선호한다. 그렇다 보니 하기 싫지만 해야만 하는 목적의식이 들 수밖에 없다. 돈을 받으면 밥값을 해야 하는 것이다.

다만, 앞으로의 인생은 어떻게 설계할 것인가의 문제를 인식해야 한다. 나이가 들면 더욱 위험은 없고 안정적인 것을 추구한다. 누구나 그렇다. 사업을 하는 사람이건, 직장을 다니는 사람이건 나이 한두 살 더 먹게 되면 무조건 안정을 자신의 가치관에서 최우선으로 생각한다. 지금까지 삶을 잘 살아왔는데 무리하게 인생을 반전시킬 이유가 없기 때문이다.

그래서 더욱 변화가 거부되고 지금의 생활에 만족해하는 삶을 추구한다. 그러면 직장 생활의 목적이 더욱 분명해진다. 때론 변해야 되고 지금처럼 맹목적으로 살면 안 된다고 다짐하면서도 실천할 수 없는 것들은 머리에 이미 안정적인 것만 추구하자는 인식이 있어서 그렇다. 그래서 직장인들은 점점 시간이 지날수록 변화보다는 보수적인 측면이 강해지는 직업의식이 많다.

자신에게 안정적이면 안정적일수록 변화의 장벽은 두텁다. 공직 사회가 그렇고, 철벽통인 직업들이 그렇다. 대다수 불완전한 직업에 종사하는 사람들은 변화에 빠르다. 그것이 아니면 더 이상 생존이 어렵기 때문이다. 삶은 지금의 사는 모습 속에서 미래의 모습이 달려 있다고 해도 과언이 아니다. 지금 아무리 변화를 외치고 노력해도 자신의 위치점이 생존에 직결되어 있지 않으면 무용지물이다. 생각은 할 수 있지만 실천은 어렵다. 지금 자신의 안정을 버리지 못하면 더 이상 새로운 것들이 들어가기 어렵다.

회사 생활은 더욱 그런 심리적 느낌이 심하다. 아무리 구조조정이나 퇴출이 만연되어 있어도 이미 자신에게 직접적으로 느끼고 대상자라고 선택되더라도 액션이 들어오지 못하면 느끼지 못한다. 마치, 개구리가 뜨거운 물을 서서히 감지하지 못해서 죽는 것처럼 마찬가지 이치다. 그만큼 직장인들은 변화에 대해서 수동적일 수밖에 없다. 만약에 당신이 회사 생활을 하는 동안 생존이 달려 있는 문제라는 인식이 들면 어떻게 일을 처리하겠는가? 아마도 죽기 살기로 매달려서 일을 처리할 것이다. 하지만 아쉽게도 그런 역동성은 회사원들에게는 나올 수가 없는 구조다. 직장 생활을 하는 목적을 다시 한

번 정의해 보기 바란다. 그런 정의가 되지 못한 채 변화만 바라보고
무엇인가 해야겠다는 다짐을 해도 썩 와 닿지가 못한다.

　그럭저럭 직장 생활에 의존해야겠다는 사고가 바뀌지 못한다면
아무리 자신이 변한다고 의지를 보여도 실행하기가 어렵다. 자신의
직장 생활에 대한 목표점을 분명히 만들고 그것에 대해서 실행해야
된다는 가치관을 가져라. 그렇지 못하면 직장 생활 내내 안정적이고
보수적인 가치관에서 벗어나지 못한 채 직장의 굴레에서 아무것도
할 수 없었던 사람이었다고 깨닫게 될 것이다.

절대로 비참하게
직장을 나가지 마라

　당신은 얼마 동안 직장 생활을 할 것 같은가? 30년은 근무를 해야
만 오래 근무했다고 볼 것 같다. 공무원이나 공사 또는 정년이 보장
된 직장이 이에 해당될 것이다. 회사에서는 30년을 근무하기란 쉽지
는 않다. 그래도 잘만 하면 할 수도 있다. 그런데 직장 생활 초년기
에는 오래 근무하는 것이 뭐가 그리 좋을까 생각도 든다. 그러다가
마흔 이후가 되면 무조건 오래 근무해야 된다는 생각이 지배적이다.
그리고 여러 가지 경력과 자리, 눈치 보기 등을 종합 세트로 평가해
서 자신의 정년이 정해진다. 대략적으로 부장 정도 하게 되면 이후
10년이 될지 말지 알게 된다.

　그렇게 하면 성공하는 직장인이 된다. 직장 생활을 30년 한다는
것은 보통 노력으로는 달성하기 어려운 경험이다. 앞으로 직장에서

30년을 근무한다는 것은 어렵다. 사실상, 회사의 오너가 전폭적인 지지와 신뢰를 해 준다면 모를까 그렇지 않다면 길어야 20년쯤 될 것이다. 그 후로는 무엇을 할 것인가? 고민해 보았는가?

고민은 해 봤는데 답은 안 나온다. 명확하게 이야기해주고 싶다. 우선, 여러 가지 직장의 유형이 있겠지만 일반 사기업에서는 과장이 되면서부터 자신의 진로가 정해진다. 커 나갈 수 있는 자리인가, 아니면 막혀 있는 자리인지를 판단할 수 있다. 이때 직장에 남을 것인가 다른 것을 할 것인가 정해야 한다. 대부분은 직장에 남아서 끝까지 나가야겠다는 생각을 많이 한다. 그렇게 하면서 부장까지 올라갈 수 있는 기회를 보면 다행이다. 부장이 돼서는 어떤 선택을 해야 할지 더욱 막연해진다. 젊다면 무엇이든 도전해 볼 수도 있지만 부장 나이에 다른 무엇을 한다는 것은 리스크가 매우 크다. 그래서 더욱 회사에 몰입한다. 임원이 되기 위해서다. 만년 부장으로 있다가 겨우 임원에 승진하면 몇 년 더 회사 생활이 보장되는 것이다. 만약 임원에 좌절되면 계열사로 내려가거나 아니면 좌천되어 해직되거나 둘 중에 하나다.

과장부터 부장까지는 10년 정도 더 다닐 수 있다. 10년 이상은 임원이 되지 못한다면 더 다닐 수 있는 시간은 많지 않을 것이다. 부장급에서 회사를 나오게 되는 경우는 2가지가 있다. 한 가지는 일을 잘해서 스카우트 되어 나가는 경우다. 부장 정도 되면 인맥관계가 넓어진다. 그 정도 되면 주위로 퍼져 나간 동종업계 임원들이 러브콜을 부르는 경우가 있다. 두 번째는 더 오래 조직에서 남아 있을 궁리를 한다. 부장급에서 회사를 그냥 그만두는 행위는 별로 없다. 먹고 살아야 되고 구조조정이 아니라면 그냥 유지되거나 부서 배치를 다른 곳에 옮기거나 하는 수준일 것이다. 조직 내에서 능력이 모자라는 정도로 인식되어 있다면 만년 부장까지 지속될 가능성이 크다. 그렇게 다니다가 자신이 못 버티면 나오는 것이다. 대략적으로 나갈 때 중소기업이나 다른 일들을 찾아서 나가는 경우가 많다. 절대로 과장, 대리급처럼 회사를 먼저 그만두지는 못한다. 그래서 직급이 위로 올라가면 갈수록 그 고통의 지수는 더 심해진다. 먹여 살려야 하는 처자식이 있기 때문이다.

만약, 임원이 되었다면 혹은 조직 내에서 성과를 기반으로 어느 정도 인정을 받게 되면 더욱 성장할 수 있고, 회사를 옮겨서 다른 곳에서 인정을 받을 수 있는 기회도 부여된다. 임원이 되면 직장 생활을 접는 것이 아니라 더 많은 기회가 부여되는 것은 사실이다. 그래서 직장 생활을 하면 임원은 필수적인 목표점이다. 최소한 밥을 굶지는 않는다는 것이 지배적이기 때문이다.

그렇다면 과장 이후의 시나리오는 이렇다고 보면, 과장급에서 회사를 그만두고 다른 것을 할 경우다. 조기에 자신의 길을 선택하는 경우다. 회사를 그만두고 창업을 한다고 가정해 보면, 이것은 좀 무모한 행위다. 왜냐하면 창업을 할 때 특별한 벤처기술을 가지고 고도의 기술력이 있다면 모를까 쉽게 회사 직무를 바탕으로 창업에서 연계될 것들이 제한되어 있기 때문이다. 연구직이나 기술직이라면 모를까 사무 관리직, 영업직이 창업을 해서 직장 생활보다 만족스러운 생활 수준이 된다는 보장이 없다.

자영업을 하려고 회사를 그만두고 창업 시장에 뛰어드는 것은 더욱 말리고 싶다. 생계형 창업을 하려고 회사를 그만두는 것은 후회할 수 있는 측면이 많다. 생계형 창업은 굳이 지금 하지 않아도 직장에서 최선을 다한 후에 나오게 되면 생각을 해도 늦지 않는다. 기업가 정신과 같은 창업적 마인드를 가지고 생각해 보면 모를까 자영업적인 사업 형태를 하려고 직장을 그만두고 나오면 여러 가지로 장단점을 따져봐야 한다는 의미다.

또 다른 유형은 직장 생활을 과장 정도 한 후에 자신의 전문성으로 승부하는 일을 하는 것이다. 이런 유형은 회사에서도 능력을 인정받는 사람들이 많고 자신의 길을 개척해 나가는 도전 정신이 매우 강한 사람들이다. 컨설턴트가 되거나 자신의 콘셉트을 강조해서 강사로 성장하는 것이다. 전문 기술을 배워서 컨설팅 시장에서 성장할 수 있는 영역이 된다면 가능한 구조다. 직장에서 어느 정도 전문성이 있다고 보여지는 사람들은 대부분 이런 전문가의 길로 나가게 되며 빠르면 빠를수록 이 시장에 적응하는 것이 도움이 된다. 다만, 자신의 성과를 스스로 올릴 수 있는 사람이어야 되며 자기 관리에 확신이 서 있는 유형들이어야 성장할 수 있다.

어느 쪽을 택하든 결과는 예측되지만 미리 자신의 길에 대해 정의해서 나간다면 최소한 비참하게 직장 생활의 노후를 보내는 사람은 없을 것이다.

기업가 정신의 오너는
감흥을 전달한다

직장 생활에서 가장 중요한 것은 오너의 관심사다. 오너의 경영방침, 오너가 직장인들을 대하는 태도 등에서 기업 문화는 만들어진다. 회사 생활이 조금 벅차고 힘들더라도 오너의 마인드가 긍정적이고 투명하다면 언젠가 회사는 빛을 발휘한다. 하지만 우리나라 기업들은 투명성과 반대인 경우가 너무도 많다. 작은 기업들이 성장하기 위해서는 기업 이미지보다 이익 추구에 목적을 둔 채 사원들의 태도와 행동에는 관심이 없는 오너들이 많다. 회사를 선택할 때 연봉은 다소 낮더라도 오너가 기업가 정신이 깃들어 있는 회사를 택해라. 연봉과 높은 복지 혜택은 순간이지만 오너의 기업가 사상과 정신은 직원들의 머릿속에 감흥으로 전달받기 때문에 향후 자신이 다른 일을 하더라도 미치는 영향력이 매우 크다.

책 한 권에 자신의 운명이 바뀌듯, 행동하는 오너의 습관과 태도는 직원들의 행동 양식을 바꾸게 만든다. 수십 년 동안 살아온 자신의 고정관념이 변화되지 않는다면 늘 같은 모습으로 살아가는 것이 인생이다. 하지만 한 번의 변화라는 모습이 자신의 뇌에 들어오게 되면 그것은 앞으로의 인생에서 엄청나게 큰 성장력을 제공해 줄 것이다.

수많은 자기계발서들이 직장 생활을 이렇게 하고 저렇게 하라고 알려줘도 가장 중요하게 생각해야 할 것들은 탁월한 지도자를 만나는 것이다. 이 부분은 어쩔 수 없는 축복이기 때문에 자신이 선택할 수는 없겠지만 도전하고 노력해 보면 충분히 선택할 가능성도 많다. 기업에 입사하려고 할 때 가장 먼저 중요하게 볼 것은 복지와 연봉보다는 오너의 기업가적인 마인드라고 소개하고 싶다.

더 오랫동안 근무하고, 직원들에게 자신처럼 대해 주면서 사회적인 공헌에 앞장서는 오너들이 꽤 국내에 있다. 알려진 오너도 많지만 우리에게 알려지지 않은 많은 오너들이 기업을 잘 가꿔 나가고 있기

때문에 얼마든지 그런 직장에 다니는 것은 가능하다. 회사 생활을
오랫동안 하려는 목적이 있다면 자신의 가치관을 바꿔줄 수 있는 매
력적인 오너가 인생을 살아가는 데 있어서 더 긍정적인 효과가 발휘
된다고 조언해 주고 싶다.

큰 것을 생각하면 고민이 많아진다

회사에서 불평하면
회사를 나가게 된다

회사 생활은 여러 사람들이 모여서 일하는 곳이다. 그렇다 보니 규정이 있고 일정한 규칙이 정해지게 마련이다. 이러한 규정과 규칙은 회사뿐만 아니라 소규모로 개인 사업을 운영하는 자영업자들에게도 꼭 존재한다. 그런데 회사에는 꼭 불평과 불만을 토로하는 사람들이 있다. 이런 유형의 사람들은 대부분 말을 잘 옮기는 경향이 크고 해결 방법보다는 문제점을 중심으로 평론을 즐긴다.

조직에서는 이런 유형을 좋아하지 않는다. 누군가를 험담하거나 세력을 규합하거나 불만을 타인에게 발설하거나 하는 태도는 정말로 조직에서 생활하기 어려운 유형 중에 하나다. 틀림없이 조직에서는 이런 회사원을 관리하고 있다. 그리고 결정적인 순간에 회사가 어려워지면 구조조정 1순위가 되는 것은 당연할 것이다. 회사라는 공간은 아무리 능력이 출중하더라도 조직의 문화를 해치는 자는 오래가지 못한다.

회사를 잘 운영하는 경영자는 조직 내 불만 세력들을 꼼꼼하게 점검하고 관리한다. 그래야만 조직이 일사불란하게 움직이고 리더십을 발휘할 수 있기 때문이다. 불평불만을 잘하는 유형은 대체적으로 일하는 데 있어서 기술적인 특징을 가지고 있다. 특별히 자기 자신이 우월하다는 착각이 지배적이고 자기가 아니면 일이 안 돌아간다는 생각이 지배적인 것이 많다. 특히 평론가적 스타일은 매우 명석한 두뇌를 가지고 있지만 수동적인 가치관을 가지고 있기 때문에 실행력이 매우 취약하다.

당신이 만약에 조직에서 불평불만에 익숙한 사람으로 낙인되어 있다면 그 선입관을 하루빨리 바꿔라. 만약 바꾸지 못하면 조직에서 오래 있을 수가 없다. 인사부서에서는 바로 당신의 유형에 대해서 예의주시하고 있을 것이다. 회사라는 곳은 여러 사람들이 어울리는 공간이고 자신이 하는 말이 어느 누군가가 담고 있다는 사실을 명심하기 바란다.

충성도는 근무시간으로
평가하지 않는다

회사 생활을 하다 보면 정말 야근을 밥 먹듯이 하는 사람들이 있다. 아예 업무를 오후 5시부터 정해 놓고 하는 사람들도 있다. 의례 윗사람들 눈치를 보기 때문이기도 하지만 습관성이 더 큰 문제점이다. 마흔을 넘기게 되면 집에 너무 일찍 들어가서 할 일이 없다는 이유로 회사에 남아서 일도 하고 다른 것들을 하면서 시간을 보내는 사람들이 많다. 이런 사람들은 누구도 인정받지 못한다는 것을 명심해라. 늦게까지 일하는 사람들은 일을 잘하는 사람들인가 못하는 사람들인가 판단하겠지만 일 잘하는 사람들은 늦게까지 하더라도 단 며칠, 짧은 기간에 국한되어 있다.

하지만 평소 매일 야근하는 사람들의 유형은 회사에서도 좋은 시각으로 보지 않는다는 것을 알아야 한다. 일 잘하는 사람들은 빨리 끝내고 자신의 스케줄 관리를 철저하게 하기 때문에 능률이 떨어지는 행위를 하지 않는다. 만약, 팀원이 늦게까지 야근하는 모습이 자주 보인다면 팀장의 리더십에 문제가 있는 것이고, 팀장이 늦게까지 야근을 자주 하면 임원에게 문제가 있는 것이다.

매일 같이 야근하는 문화를 주도하는 사람들이 있기 때문에 야근이라는 것이 어쩔 수 없이 만들어지는 것이다. 보통은 리더가 이런 문제를 치유하지 않고 일 잘하는 것으로 착각하기 쉽다.

일을 효과적으로 하는 사람들은 팀장의 눈치에 관여하지 않고 퇴근을 한다. 만약에 팀장이 일이 있다면 모르지만 일도 없이 남아 있는 경우가 대부분이라면 부하 직원이 퇴근을 하는 것에 대해서 자율성을 부여해야 한다. 그렇지 않다면 회사에서 금방 무능력한 상사로 찍히게 된다.

이것만 기억하자. 야근을 밥 먹듯이 하는 사람은 과거에는 조직에 충성하는 것이라고 생각했지만 지금은 무능력하거나 가정생활에도 충실하지 않은 사람이라는 것이다. 하지만 1인 2역을 하는 사람들도 요즘은 많기 때문에 그럴 경우에는 어떻게 하냐고 반문할 것이다.

그런 상태라면 보상이 높거나 대우가 좋다면 이해할 수 있지만 그보다 더 박하다면 목소리를 크게 내도 된다. 회사에게 인력 충원을 요청하고 반영되지 않는다면 당장 회사를 떠날 준비를 하는 것이 오히려 나을 수도 있다.

능력 있는 상사와 부하가 만나면
환상이다

회사에서 능력 있는 상사를 부하가 만나면 이보다 더 좋을 수가 없다. 능력 있는 상사를 만나면 일에 대해서 철저하게 배우고 신뢰 있는 인간관계를 쌓아 두면 도움을 받는 일이 많아진다.

회사 생활을 하다 보면 조직 내에서 능력 있는 상사에게 많은 신뢰와 영향력이 있는 위치에 오르는 경우가 많다. 부장급 이상이 되더라도 능력이 있으면 스카우트 제의도 다양하게 들어온다. 그럴 경우 아는 부하 직원을 자신의 회사로 입사 제의를 하는 경우가 많다.

다만, 주의해야 될 부분은 정치적이거나 줄을 대서 옮긴 사람들은 절대로 회사를 옮겨서 쫓아가지 말기 바란다. 이 경우에는 대다수가 금방 회사에서 나가게 되는 경우가 많다. 내가 아는 많은 사람들은 인맥관계로 회사를 옮겨서 향후 조직에서 쫓겨난 경우를 많이 봤다. 그리고 자신의 입지를 다지기 위해서 부하 직원들을 많은 부분 데리고 가는데 부하 직원에게 까지 피해를 끼치는 경우가 많다.

능력 있는 상사의 특징을 면밀하게 분석해야 한다. 우선 능력 있는 상사의 특징은 성과주의 인재들이다. 성과를 어떻게 올리는지에 대해서 객관적으로 검증이 되어 있다면 분명하게 상사를 따라도 좋다. 상사는 누구든지 부하 직원을 능력 있는 사람을 두려고 한다. 바보 같은 상사는 부하 직원을 무능력한 사람을 두고 일을 혼자서 처리하는 경우이다. 능력 있는 상사와 부하가 만나게 되면 환상의 콤비가 되는 것이고 회사를 떠나더라도 상사는 좋은 위치에서 활동하기 때문에 부하 직원으로서는 매우 매력적인 인간관계가 형성된다. 혹시나 자신이 조직에서 벗어나더라도 능력 있는 상사가 좋은 곳에서 일하거나 성공 가도를 달리고 있다면 언젠가 다시 만나서 일하게 될 확률이 높아진다.

그것은 결국 일 잘하는 사람으로 인식되어야만 가능한 것이고 상사도 부하에게 능력을 보여주고 강한 리더십을 보여줘야만 가능한 것이다.

회사에서 승부를 던져야 기회가 찾아온다

편한 일을 찾는 순간 마음은 떠난다

마음 편한 일을 해야 오랫동안 유지된다

영향력 있는 사람은 금방 기울어진다

우리가 선택하는 것이 최선은 아니다

목표를 정하지 않으면 길을 잃는다

도전은 새로운 일을 찾는 것이다

당신에게 주는 목표점을 기억해라

당신에게 기대하는 만큼 실망도 크다

편한 일을 찾는 순간 마음은 떠난다

당신의 터닝포인트는
언제가 될까?

터닝포인트, 생존 싸이클, 제2도약 등 여러 가지 수식어 등으로 삶의 전환점에 대해서 이야기를 한다. 인생은 전환점이 누구에게나 있다. 계속 이렇게 살아가면 안 된다는 느낌과 뭔가 새로운 도전이 필요할 때쯤 전환점이 있어야 한다.

회사 생활도 마찬가지다. 계속 똑같은 자리, 똑같은 생각만 해서는 절대로 남들보다 앞서 나갈 수가 없다. 특히 직장 생활은 자신의 의지가 점점 나약해지는 시기가 분명히 온다. 그때가 40살 전후다. 과장 이후 회사 생활을 하면서 전환점이 되는 경우가 많다. 10년 넘도록 직장 생활을 해본 사람들은 누구나 느낄 것이다. 자신의 인생이 앞으로 어떻게 펼쳐질지 지금의 위치에서 대략 예상을 할 수 있기 때문이다.

전환점은 자신이 만들어 나가야 한다. 다만, 직무를 바꾼다는 것은 더욱 어렵다. 다른 일들을 찾아서 하기도 어렵다. 그렇다면 어떻게 자신의 전환점을 바꿔 나가야 하는가? 그것은 목표점을 분명하게 가지고 그에 맞는 계획을 수립하고 실행하라는 것이다. 자신의 인생목표를 실패자로 또는 그럭저럭 살아가는 사람으로 만들지 말라는 것이다. 그렇게 살면 절대로 가치 있는 결과물이 나오지 못한다.

자신이 살아가는 인생에 대해서 맹목적으로 회사 생활에서 얻을 수 있는 것들에게 국한한다면 그것 이상 기대할 수가 없다. 하지만 자신은 미래에 어떤 모습일 것이라고 상상하고 그에 맞는 도전 목표를 갖추면 실행력이 달라진다. 가령, 과장급들은 회사 생활에서 매력을 느끼지 못하고 이직하는 경우가 많다. 그러나 이직 자체가 그렇게 좋다고만 말할 수는 없다. 힘든 위기 상황은 언제나 똑같이 찾아오기 때문이다. 만약, 회사 생활에 목적을 두었다면 지금 다니는 회사에서 정년까지 다니겠다는 다짐을 해 보라. 그렇게 하면 아무리 힘든 일들이 다가와도 그것들을 극복할 수 있는 전환점이 된다.

많은 사람들이 회사를 정년까지 다닐 수도 없는데 다닌다고 생각만 하면 뭐하냐고 반문하겠지만 절대로 그렇지가 않다. 사람이 마음을 그렇게 먹는다면 태도도 변할 수가 있다. 그런 생각 자체를 부정하기 때문에 결심이 서지 않는 것일 뿐이다. 과장이라면 회사에서 일할 수 있는 기대 수치가 가장 높이 올라가는 직급이다. 그렇기 때문에 회사의 선택보다는 본인의 선택에 의해서 좌우될 수 있는 측면이 있다.

자신이 스스로 전환점을 만들어 나갈 수 있는 기회가 많다는 뜻이다. 과장 이후 부장으로 넘어가게 되면 이마저도 얻기가 매우 어렵다. 그래서 전환점은 스스로에게 부족하지 않을 때 미리 챙겨야 하는 중요한 목표점이다.

끌려다니는 사람은
갈 곳이 없는 사람이다

자신의 가치가 얼마나 되는지를 알아보려면 단순하지만 확실한 방법은 입사원서를 써 보면 대략 알 수 있다. 입사원서를 제출해서 자신의 경쟁력을 평가받아보면 자신이 어느 정도 위치에 있는지 알 수 있다. 아마도 대부분 채용 탈락을 경험하게 될 것이다. 서류전형조차 합격하지 못할 확률이 높다.

대다수는 취업의 현실이 생각만큼 어렵다는 것을 느끼는 것으로 위안을 삼을 것이다. 하지만 자신의 경쟁력이 없다는 것을 깨닫지는 못한다. 몇 번 입사원서를 제출해서 거절당할 때의 느낌을 느껴보라. 그러면 지금 스스로에게 얼마나 경쟁력이 없는지를 판단할 수 있을 것이다.

절박감도 없고, 경쟁력도 없다는 것은 그만큼 직장에서 자신이 하루를 버티고 있다는 생각과 그래도 지금 다니는 회사가 있다는 것에 감사함을 느낄 것이다. 그러나 지금 당장은 자신에게 있어서 하루를 버틴다는 느낌에 더 강하게 와 닿아야만 한다. 그래야만 자기 스스로 결핍 의식이 들어서 무엇인가 하고자 노력하기 때문이다. 대다수 입사 때는 화려한 스펙으로 입사를 해서 입사 후 몇 년만 지나면 무용지물이 된다. 토익은 900점을 넘어도 입사 3년만 지나면 600점대로 떨어진다. 현실이 그렇다.

　물론 당신이 적어도 회사에서 몇 년간 근무했다면 이제는 스펙에 의존하는 것보다는 자신이 무슨 일을 하고 있고 어떤 성과를 올렸느냐가 더 중요하다. 그것이 자신의 경쟁력이 되는 것이다. 자신이 해온 일에 대해서 불평하지 말고 연계성을 가지고 자신이 형편없는 취급을 당하지 말아야 한다. 기왕 월급을 받으면서 일하는데 자신에게 도움도 되지 않는다면 가치가 떨어지지 않겠는가? 일을 하더라도 자신에게 도움이 되도록 적극 노력하고 외부에서 자신에게 내려지는 평가를 냉혹하게 직시하기 바란다.

마음 편한 일을 해야 오랫동안 유지된다

자연의 섭리에서
직장의 이치를 깨닫는다

당신이 살아가는 지금의 시간은 그냥 흘러가는 시간이 아니다. 언젠가 눈을 감게 될 때쯤 지금 버리는 시간은 그토록 애원하는 시간이다. 당장 몇 개월밖에 안 남은 사람에게는 하루만 더 보고 싶은 사람을 볼 수 없는 시간, 추억 속의 시간을 가져보지 못하는 시간, 먹고 싶은 것들을 맘대로 먹을 수 없는 시간들이다. 그토록 소중한 시간들을 반복적인 일상으로 대다수 사람들은 흘려보낸다.

누구나 늙게 되면 병환이 찾아오고 고통이 찾아오고 그렇게 된다. 인간은 자연의 섭리를 거스를 수가 없다. 직장 생활도 섭리가 있다. 자연만큼이나 철저하고 완벽한 섭리다. 성과라는 족쇄와 조직 내 많은 사람들 간에 벌어지는 일들은 보이지 않지만 체계적으로 움직임이 있다. 그런 것들을 거스르면 당연히 역효과가 난다.

자연의 섭리와 마찬가지다. 노년이 되면 귀가 잘 안 들리게 된다. 이는 신이 노년이 되면 이것저것 듣지 말라는 뜻일 것이다. 노년이 돼서 이것저것 간섭하게 되면 결국은 좋은 소리를 듣기도 어렵고, 노년이 되면 자식들이 좋게 대우해 주지 못하는 결과를 듣지 말라는 것일 것이다. 그래서 귀가 안 들리도록 신은 선물을 주신 것이다.

직장 생활도 마찬가지다. 나이가 먹고 관리자가 되면 누구나 부하 직원들은 비꼬면서 험담을 늘어놓는다. 이런 것들은 당연스러운 것이다. 그런데 그런 것들을 듣기 위해서 보청기라도 귀에 넣고 다니면서 들으려고 하면 오히려 문제가 더 커진다. 부하 직원은 윗상사를 다양한 각도에서 평가할 수 있다.

부하 직원이 상사에 대해서 이야기하는 모든 내용들을 알게 되면 회사가 잘 돌아가겠는가? 대부분 상사가 부하 직원의 의견을 잘 들어야만 좋은 관계라고 말한다. 맞는 말이다. 하지만 말을 듣는 것 자체가 어찌 보면 양면적인 면이 있다. 성과도 내야 되고 말도 들어줘야 되고 여러 가지 측면에서 보면 쉬운 일들이 하나도 없다.

다만, 아무리 믿는 부하 직원도 상사에 대해서 좋지 않은 시각으로 보는 것이 많다는 것을 이해하는 것이 오히려 편할 것이다. 직장의 섭리도 자연의 섭리와 때론 마찬가지가 많다.

부하 직원과 소통하는 것을 당연하게 받아들이고 자신에게 있어서 험담하는 것들에 대해서도 관용 있는 태도를 갖춰야만 요즘은 진정한 리더로 평가받는다. 그리고 욕을 먹어도 어찌 되건 부하 직원을 다그쳐서라도 성과를 올려야만 인정받을 수 있다. 모든 것에서 완벽할 수는 없다. 차라리 인생을 살면서 욕 좀 먹으면 어떠냐는 태도가 오히려 속이 편할 것이다.

위기가 오더라도
극단적인 생각을 하지 말라

직장에서 위기라는 것이 당신에게 찾아오지 말라는 법이 없다. 언제나 위기는 오기 마련이다. 회사에 다니다 보면 하루에도 수십 번씩 그만둘까, 다른 걸 해볼까 하는 고민이 든다. 자신을 만족해하면서 일하는 사람은 아마도 타성에 젖었거나 불가능하다는 자기 위안에 사로잡힌 것들이 많은 사람일 것이다. 어느 것이 좋다고 말하긴 어렵다. 하지만 생각하지 못한 위기가 찾아올 때 직장인들에게는 움직일 수 있는 카드가 부족하다.

회사가 갑작스럽게 구조조정이 되거나, 인수합병이 될 경우에는 직장을 한순간에 잃을 수 있다. 직장을 잃는 것은 냉혹한 현실이 찾아온다. 이에 당신은 얼마만큼 대처할 수 있는 능력이 있는가? 갑작스럽게 병이 찾아와서 일을 하지 못하게 될 경우에 당신은 회사가 기다려 주겠는가? 갑작스럽게 인사 발령을 받고 지방 근무를 하게 되는 경우에는 어떻게 대처하겠는가? 또한 회사에서 뜻하지 않게 사고가 터져서 냉정한 평가를 받고 사직을 권고받게 된다면? 이런 일들이 자신에게 찾아오지 않는다는 보장이 없다. 내가 직장을 다녀 봐도 이런 일들이 비일비재하게 일어났으니 말이다.

그렇지만 우리는 강한 직장인이 되어야 한다. 위기쯤은 극복해야 되고 저절로 회사 생활에서 얻어지는 것은 없다. 자신이 버티고 강하게 이겨낼 수 있는 힘을 가진다면 돌파해 낼 수 있다. 뜻하지 않는 위기로 직장을 잃을 수도 있다. 그렇다고 좌절할 필요가 없다. 인생은 자신이 노력하는 만큼 정해져 있는 대가가 있는 것이다.

세상을 살아가면서 회사일보다 가정사, 개인적인 문제, 질병 등 다양한 일들이 얼마나 많은가? 회사에서도 복잡한 일들로 인해서 가정은 챙기지도 못한 자신이 때로는 원망스럽게 느낄 수도 있다.

위기라는 것은 우리 주위에 언제든지 터질 수 있는 문제고 그 문제들의 90%는 대부분 자신의 의지에 따라서 해결되고 미리 준비할 수 있는 것들이다. 자신이 조금 부지런히 움직이고, 미리 대처해 나가면 위기는 그만큼 줄어든다. 단지, 자신이 하기 싫고 뒤로 미루다 보니 안 되는 것들이 많아질 뿐이다.

나는 성공한 경영자들과 많은 이야기를 나눴었다. 기업을 하는 사람들은 정말로 많은 위기가 찾아온다. 그 위기를 대부분 극복했기 때문에 지금의 성공한 기업가가 된 것을 이해했다. 그분들의 위기 이야기를 듣게 되면 자신 스스로 부끄러워질 것이다.

오히려 위기를 극복해 낼 때 자신이 더 발전된다는 긍정적인 자기 암시를 가진다면 분명히 다시 일어날 수 있을 것이다.

회사는 당신이 떠나기를
바라는 심정이 많다

회사는 승진을 하려면 일정한 능력을 갖추어야 한다. 아무리 회사라고 해도 주어진 직책을 아무에게 부여해 주지는 않는다. 과장, 차장, 부장 등을 명예로 주지는 않는다. 그에 맞는 역할과 일할 수 있는 능력이 되기 때문에 부여해 준다는 뜻이다. 특히 과장, 차장부터는 본격적으로 자신의 능력을 검증해 보여 줘야 하는 시기다. 부장이라는 직책은 조직의 한 장이기 때문에 검증 과정이 더욱 까다로 워진다. 보통은 직장에서 2번의 힘든 승진 고비가 찾아온다. 첫째는 마흔에서 마흔 초반까지 부장으로 승진하느냐의 것이고, 마흔 중반에서 쉰 살까지 임원으로 승진하느냐의 문제이다. 요즘은 더욱 승진 나이가 짧아져서 그 고비가 일찍 찾아온다. 이 시기가 직장 생활에서는 가장 힘든 시기다.

마흔을 곧 넘기고 조기 퇴직하는 사람들이 많아지는 것은 그만큼 조직 내에서 영향력이 쇠퇴해지는 것을 느끼기 때문이다. 그리고 마흔 이후 부장이 되더라도 임원 승진 가능성이 없다면 조직에서는 밀려나기 마련이다. 결국은 자신이 언제쯤 회사에서 나가게 될지 미리 판단할 수 있는 부분이다. 그때가 조금 일찍 찾아올 수도 있고 늦게 찾아올 수 있을 뿐이다. 시한부 판정을 받은 환자가 기적처럼 인생을 다시 살아가는 그런 일은 조직에서는 찾기 힘들다. 이미 조직 내부에서는 오래전부터 사람에 대한 판단을 했고 그 역할에 대해서 부여해 줄 수 있는 사람에게 직책이 맡겨지기 때문이다. 그렇다고 너무 절망적으로 생각할 필요도 없다. 자신의 미래가 더 이상 회사를 통해서 성장력이 보이지 않는다면 철저한 준비를 거쳐서 제2의 인생을 살아가는 방법도 나쁘지 않기 때문이다. 마흔 이후부터는 누구나 제 2의 인생을 살아가야 한다. 마흔 이후에 직장 생활은 누가 봐도 불완전한 삶이고 임원까지가 자신에게는 한계점이기 때문이다.

오히려 미리 나가게 될 날들을 살펴보고 오래전부터 준비 과정을 거쳐서 회사보다 오래 일 할 수 있는 것들을 찾아 나서는 것이 현명할 수도 있다.

그것은 본인이 판단할 문제다. 다만, 직장에서 자신이 끝까지 버티고 다니겠다고 생각한다면 철저하게 직장 생활에 올인해야 한다. 그것도 싫다면 정말 대책이 없다. 조직에 충성하는 모습을 보이고 불평불만 없이 자신의 일에 대해서 책임지는 모습을 보여줘야만 그것도 가능할 것이다. 그렇지 않고 쫓겨내지만 말아 달라는 의미로 직장 생활을 한다면 그것은 정말 대책 없는 직원일 뿐이라는 것을 명심하자. 입장을 바꿔서 당신이 사업을 하고 있고 기업의 오너라면 어떻게 하겠는지 생각해 보라.

회사 생활을 버틴다고 해서 얼마나 버틸 수 있는지를 판단하고 차라리 그런 위치까지 되지 않기 위해서 철저하게 노력하고 준비해 나간다면 최소한 회사에서 나가주기를 바라지는 않는다.

영향력 있는 사람은 금방 기울어진다

실패할 때 일어설 수 있다면
사업을 해라

자영업자 비중이 지속적으로 늘고 있다. 회사를 다니다가 조기 퇴직하거나 베이비붐 세대들이 은퇴를 해서 창업자들이 본격적으로 늘어나고 있기 때문이다. 프랜차이즈들은 일확천금을 벌 수 있다는 광고에 현혹하고 있고 관리도 되지 않는 사업 아이템을 소개하고 돈만 날리는 경우도 허다하다.

사업을 잘하는 사람이나 장사를 해도 판매가 잘되는 것은 그만큼 시간과 돈과 노력이 투자되었기 때문이다. 한순간에 가게를 차린다고 해서 돈이 들어오지는 못한다. 생계형 사업자들이 어려움을 경험하는 것은 경쟁자들이 지속적으로 출현하고 있기 때문이다. 특출난 사업 아이템이 존재하지 않으면 창업 시장은 돈을 날리게 되어 있다. 특히, 사업이라는 것은 자신이 정말로 잘 알고 있고 지속적으로 해 오던 일을 중심으로 관련된 사업을 해야만 어느 정도 안정된 기반에서 출발할 수 있다.

그런데 전혀 해 보지도 않은 외식업, 판매업 등에 도전했다가 낭패를 보는 사람이 적지 않다. 정말로 사업을 하고 싶다면 오래전부터의 계획이 철저하게 세워져야만 가능하다. 어느 날 회사를 그만두고 막연하게 해 보겠다는 생각으로 시도해서는 100% 실패할 확률이 높다. 사업은 그야말로 자신을 통제하지 못하고 관리하지 못하면 금방 돈이 없어진다. 지금까지 관리력이 부족했기 때문에 회사에서도 인정받지 못했다면 사업은 아예 할 생각을 접기 바란다.

사업을 한다는 것은 큰 목표의식과 해야 될 가치관이 뚜렷해야만 가능하다. 특히 젊은 사람들이 생계형 사업을 하는 경우가 있는데 저자는 이런 경우에는 말리고 싶다. 젊음의 시간을 투자한다는 것에서 너무 아쉽다. 어떤 이들은 젊어서부터 사업을 해서 크게 키우면 되지 않느냐고 말하지만 실상 젊은 사람들이 생계형 사업을 해서 크게 성공한다는 것은 매우 어렵다.

젊다면 공부를 하고, 그 가치를 가지고 배워야 하는 시기다. 요즘은 그 배움이 싫고 배웠다고 해도 좋은 취직자리가 없기 때문에 아예 일찍부터 돈을 벌기 위해서 장사를 하는 사람들이 의외로 많다. 정말 악착같이 사업의 비전을 계획하고 방법론적으로 도전해 볼 생각이 있다면 모를까 대부분 생계형 창업에 의존하는 젊은 사람들은 한 번 지나간 인생을 되돌리기 어려운 상황에 처해 진다는데 문제점이 있다는 것을 알아야 한다.

누구에게나 실패했을 때 마지막 자신이 다시 올라가야 될 바탕은 마련하고 도전하는 것이다. 만약 자신이 이 일을 했을 때 실패할 경우 다시 돌아갈 수 있는 직업이 있거나, 다시 무엇인가 할 수 있는 일이 있는 경우에 젊은 사람들이 사업이란 것을 해 볼 만하다는 것이다. 그런데 이런 마지막 장치조차 없이 사업이라는 꿈만 가지고 도전하기에는 젊음은 다시 돌아올 수 없는 길로 내몰릴 수 있다는 것을 명심하자.

존재감 없는 사원을
회사는 싫어한다

회사 업무를 할 때 자신의 의견을 개진하지 못하면 존재감이 상실된다. 자신의 의사를 표현하고 적극적으로 해결방안을 제시하면 도움이 된다. 침묵하게 되면 무슨 생각을 가지고 있는지 알지 못한다.

아침에 출근했을 때 밝은 소리로 인사를 하는 사람과 다 죽어가는 목소리로 인사하는 사람의 반응은 대번에 틀리다. 어찌 되었건간에 팀 안에서는 팀장의 의견을 수용할 수밖에 없다. 팀장을 무시하고 관계를 악화 국면으로 나가면 손해 보는 입장은 팀원이다. 팀장은 부하 직원이 알아서 문제에 대한 대안을 가져오길 바란다. 누구나 팀장이 되면 이런 사원을 좋아하게 된다. 하지만 팀장이 맘에 들지 않는다는 반응으로 침묵을 하게 되면 열정이 식어 있는 것으로 판단하는 것은 시간문제이다.

개인별로 성격적인 문제로 인해서 말이 별로 없는 경우도 많다. 이런 경우에는 자신의 의사표현을 말이 아니더라도 문장이라도 표현하는 것이 좋다. 그리고 적극성을 보이기 위해서는 꼭 말이 아니라 자신이 작성한 결과물에 대하여 공유해 주는 노력도 좋다. 중요한 것은 침묵은 금물이라는 것이다.

자신과 생각이 다를 수도 있고 표현력이 부족할 수도 있겠지만 팀 활동에서는 적극적인 모습을 보여야 한다. 남들과 같이 다른 방식으로 고민하고 있다는 사실을 보여주면 된다.

사람 간의 관계에서는 사람이 싫어지면 말을 안 하게 된다. 팀장의 역할이나 태도에 대해서도 싫다면 말을 안 하거나 피하는 것이 요즘 사원들이 자주 행하는 일이다. 하지만 이런 행동은 위험할 뿐만 아니라 자신 스스로를 회사에서 멀어지게 만든다. 적극적인 모습을 보이기 위해서는 자신의 의견을 개진하고 소심하게 눈치를 보는 행위를 삼가기 바란다.

현명한 사원은 팀장을 설득해서 자신의 의사로 이끌어 내는 사람들이다. 그 정도 레벨이 되기 위해서는 다양한 방면에 신뢰감을 주는 노력이 필수적으로 필요하다. 가만히 있으면 아무도 관심을 주지 않는다는 사실을 명심하기 바란다.

인사팀에게
영향력을 행사해라

인사팀과 친해지면 이득 보는 것들이 많아진다. 대부분 인사 담당자는 폭넓은 대인 관계를 가지길 원한다. 그런 면을 잘 활용해서 인사 담당자에게 여러 가지 조언을 구하고 인간관계를 잘 맺는다면 향후에 자리 이동 시 이점을 활용할 수 있다.

인사 담당자는 다른 타 분야에 대한 인사권을 가질 수 없기 때문에 인원이 공백이 생길 경우에 대한 인재 추천을 할 수 있는 면이 있다. 그래서 그런 공백에 대한 우선권이 친밀도가 높거나 일을 잘한다는 평가가 나오면 추천될 수 있는 기회가 생긴다.

조직 내에서는 인사 담당자의 힘이 어느 정도 있는 경우가 많다. 그래서 가급적이면 인사 담당자와 한배를 타고 자신의 업무 영역과 일에 대해서 의논할 수 있는 역할이 되면 좋을 것이다.

인사 담당자는 조직 내 발생하는 인적 문제, 조직 간의 갈등 등에 대해서 긴급하게 윗선에 보고해야 된다. 그래서 가급적이면 인적 네트워크를 잘 활용하는 인사 담당자는 각 부분별로 자신에게 정보를 제공하는 다양한 사람들과 의사소통을 한다.

인사팀과 커뮤니케이션을 통해서 인사팀에게 영향력을 행사할 수 있는 수준이 되어야만 진정한 능력자다. 인사팀을 컨트롤 할 수 있다는 것은 대단한 영향력을 가진 사람이다. 그 정도 수준이 되기 위해서는 엄청난 자기 계발과 자기혁신이 필요하다.

조직에서는 상위레벨과 하위레벨이 있다. 인사팀은 당연히 상위레벨에 사람들을 개별로 관리한다. 어느 조직이나 상위레벨에 대한 동향과 근무 현황에 대해서 수시로 살펴본다. 상위레벨에서 당신이 인사팀에게 영향력을 행사할 수 있는 위치까지 올라서게 된다면 상당한 능력자로 인정받게 된다. 인사부서에서는 상위레벨 사람들에 대해서 회사의 중요한 브레인으로 생각하기 때문에 특별한 관심을 보인다.

조직에서 보이지 않는 인재 집단을 인사팀에서는 관리하고 있다. 눈에 보이지 않더라도 이미 조직 내에서는 핵심인재로 관리하고 있기 때문에 당신에게 수시로 조직 내에서 관심을 표명하고 어려운 측면에 대해서 수시로 확인한다면 당신은 분명히 조직 내에서 커질 수 있는 확률이 높을 것이다. 회사는 몇 명의 중요한 인재들을 육성하기 위한 노력을 게을리하지 않는다. 인사부서의 주요 업무 영역 중에 한 가지는 핵심인재를 육성하고 배치하는 것이다.

인사팀이 아무 일도 하지 않는 것처럼 보이지만 실제로는 핵심인재에 대한 관리를 나름대로 충실하게 하고 있다는 사실을 명심하기 바라며 그 영역 내에 들어가기 위해서 노력한다면 분명히 좋은 결실이 찾아올 것이다. 그러기 위해서는 첫 번째로 인사팀과 친밀도를 높이고 다양한 정보력을 습득하기 바란다.

우리가 선택하는 것이 최선은 아니다

사람 간의 갈등을 해결하는 길은
웃는 것이다

직장 생활을 하는 데 있어서 사람 간의 문제가 발생되지 않는다면 그것이 더 이상한 것이다. 여러 사람들이 어울려서 업무를 처리하기 때문에 당연히 사람 간의 갈등관계는 자연스러운 것이다.

회사 내 인간관계의 갈등은 임원과 대표, 사원과 대리 등 전 직급에서 발생되는 문제라서 특별히 어느 직급에게만 해당되지 않는다. 그러나 갈등이 없으면 오히려 발전하지 못한다고 생각해라. 다만, 사람 간의 갈등관계가 지속적으로 나온다면 대화를 통해서 상호 풀기 위해서 노력해야 한다. 사람이 싫어지면 대화가 멈추고 얼굴을 마주치기가 싫어진다. 이런 상태가 지속되다 보면 어느 순간 폭발하게 되고 쌓였던 감정이 터지게 된다.

결국은 사람 간의 문제로 인해서 어려움에 직면하는 많은 직장인들은 문제를 해결하지 못하고 갈등으로 남기는 경우가 종종 있다.

하지만 이것은 좋지 못한 결과를 가져다준다. 우선 사람 간의 갈등에는 원인이 있겠지만 자기주장들이 워낙에 강하기 때문에 발생되는 문제가 강해다. 조직이라는 특성은 누군가를 앞지르고 나가야 되기 때문에 발생되는 문제일 가능성이 크다.

조직 내에서 자신의 역량을 드러내는 것은 매우 중요하다. 하지만 타인에게 대하는 행동 하나에 신중해야 한다. 모든 사람들이 지켜보고 있고 평판에 대해서 이야기가 나오기 때문이다. 갈등 관계는 적절한 수준에서 조정해 나가면서 운영해도 괜찮다. 그것이 꼭 나쁘게만 보이지 않고 적절한 수준에서 상호 견제의 의미라는 것이 통용되기 때문이다. 갈등을 상호 보완하고 서로 견제의 의미가 들어가게 되면 그리 나쁜 것이 아니라고 생각해도 좋다. 한쪽에서만 일방적으로 앞서 나가면 언젠가는 자신도 모르게 잘못된 판단을 할 우려가 크고 주위에서는 오히려 더욱 큰 공격이 밀려오기 때문이다.

사람 간의 문제를 해결하는 방법은 고민할 필요가 없다. 단순하게 웃어 넘어가는 것이 가장 현명하다. 상대방의 말에 귀담아 듣기 보다는 원래 그렇다는 의미로 자신을 해석하고 가볍게 웃어넘기는 지혜가 필요하다. 심각하게 받아들이게 되면 더욱 경계심이 높아지고 적대적인 관계를 피하기 어렵다.

사람 문제를 해결하는 가장 효과적인 대안은 코믹하게 웃어넘기고 체념하는 자세를 가져라. '그냥 그렇지'라는 생각으로 상대방이 자신을 무시하더라도 웃어넘길 수 있는 속 깊은 마인드를 가지라는 의미다. 그렇게 되면 자신도 모르게 상대방의 말에 대해서 경계심이 아닌 도움을 주는 구나라는 생각을 하게 된다. 어디서 그런 관심표명을 받겠나 하는 의미로 해석하면 상대방의 말은 고마움으로 변할 것이다. 처음에는 그것이 힘들겠지만 자신을 낮추고 받아들이는 자세를 가지면 상대방의 말에 대해서 크게 해석하지 않고 넘어가게 될 것이다. 결국은 지는 사람이 이기는 법이다.

누구나 상대방에 대해서 함부로 말하는 사람은 덕이 부족한 것이고 남들로부터 비난을 받는 행동이 많아지기 때문에 공격성을 가지는 것이다. 그래서 항상 상대방과 싸우려고 하지 말고 도움을 받는다는 생각으로 자신을 낮춰 보이면 만사가 해결된다. 지금부터라도 자신이 훈련한다는 생각을 가지고 상대방에게 다가서기 바란다. 그렇게 되면 더 큰 것들을 보게 될 것이다.

회사를 떠나려면
최소한 3년은 준비해야 한다

직장에 들어가면 안정적이다. 그러나 그 안정이라는 것이 서서히 식게 되면서 자신의 존재 가치가 낮아진다. 즉 나갈 때가 다가온다는 뜻이다. 그쯤 돼서 보통은 후회하기도 한다. 차라리 기술이나 배워서 장사나 했으면 퇴직은 걱정 안 한다고 말이다. 하지만 말이 쉬워도 장사 기술을 익힌다는 것은 처음에 무척이나 어려운 일이다. 하지만 마흔을 넘기게 되면 직장 생활 자체에 대한 한계가 분명히 다가오기 때문에 다른 것들이 부러워지기 시작한다.

마흔에 도달되면 누구나 직장만을 생각하지 않는다. 직장은 언제고 그만두면 끝이기 때문이다. 하지만 10년이나 20년씩 키워 온 사업체는 유지해 온 것들이 재산이 된다. 하루아침에 그만두는 직장과는 분명히 다른 점이 있다. 또한 어느 정도 잘만 되면 2세에게 물려줄 수도 있다. 이런 장점 때문에 사업체를 잘 꾸려온 많은 사람들은 직장인들이 부러워하는 대상이 된다.

직장은 자기 스스로 그만두면 물려줄 것도 없고 끝나게 된다. 결국은 직장이라는 것은 안정적이기는 하지만 언젠가 나가게 되는 불안한 심리가 작용하게 된다. 직장에서 승부를 볼 수 있다면 좋겠지만 그리 쉽지는 않다. 점점 나이가 먹을수록 좁아지는 승진문 때문에 스트레스도 많이 받게 되고 업무가 점점 없어지는 느낌을 받게 되면서 자리에서 밀려나는 선배들의 모습이 하나씩 들어온다.

그렇다. 우리는 직장만 바라볼 수는 없다. 직장이 다일 것이라고 생각하더라도 우리에게는 그렇지가 못하다. 그래서 준비해야 되고 미래에 자신이 계속해서 일하고 성과를 얻을 수 있는 것들을 만들어야 한다. 젊어서부터 하루라도 빨리 자신의 경쟁력을 길러서 자신이 잘할 수 있는 것들에 관심을 가져야 한다. 직장을 믿으면 믿을수록 나중에 자신에게 돌아오는 기회는 작아진다.

그렇다면 늘 생각만 있지 실행하지 못하는 직장인일 뿐인데 어떻게 준비해야 되는가? 그것은 부단히 노력하고 새로운 것들에 대해서 미리 접해보는 노력이 중요하다. 그것들을 해 보지도 않고 앉아서 불확실한 미래에 대해서 불안요소만 가지고 살아간다면 그것 또한 어리석은 행동이다.

자신의 미래가 불안하다면 스스로 준비하고 하루빨리 무엇을 할 것인지를 정하고 실행해 나가는 노력을 보여야 한다. 지금 있는 시간은 어느덧 지나서 당신이 머문 자리를 뜨도록 만들어 줄 뿐이다.

목표를 정하지 않으면 길을 잃는다

성과는 자신을 방어하는
유일한 수단이다

전쟁에서 이기려면 전략을 잘 활용해야 한다. 전략은 최소의 자원으로 최대의 효과를 올리는 것을 목적으로 한다. 회사 생활 역시 전략적으로 움직이고 전략적으로 행동해야만 성과라는 것이 창출된다. 경영 성과를 올리는 것은 회사에서 빠질 수 없는 책임이며 우리는 성과를 위해서 일해야만 한다. 회사에서 늘 사고를 치는 사람이나 이기적이며 대인 관계가 좋지 않은 사람들이 버틸 수 있는 힘은 그래도 성과를 내기 때문이다. 성과가 좋다면 아무리 나쁜 사람으로 찍혀도 쉽게 버릴 수 없기 때문이다.

물론 회사의 인사 담당자에게 회사에서 가장 중요한 것이 무엇이라고 묻는다면 성과라고 말하지는 못한다. 왜냐하면 성과를 2차적인 관심사라고 표현하는 것은 회사의 조직문화에 도움이 되지 못하기 때문이다. 하지만 대다수 경영진은 성과를 가장 중요한 기업의 핵심요소로 뽑고 있다. 요즘은 사회적 가치, 사회적 기여 등 다양한 혁신적 전략 운영들이 포함되어 있지만 기업의 궁극적인 운영 목적은 성과 창출임이 틀림없다.

그렇다면 기업이 유지되기 위해서는 성과를 극대화해야 되고 이 성과에 따라서 직장인들은 평가를 받게 되는 것이다. 아무리 사람이 좋고 평판이 좋더라도 성과를 올리지 못하는 사람들은 조직에서 멀어지게 된다. 회사에서 정말로 직원들을 괴롭히는 팀장들이 잘나가는 이유 중에 한 가지는 위에서도 어떻게 할 수 없는 고성과 중심의 사람들이기 때문이다.

모든 기업들이 이익을 내는 것이 아니다. 자본은 한정되어 있고 시장경쟁에 의해서 누군가의 자본을 누군가가 더 많이 뺏어 오면 이기는 것이고 누군가는 잃으면 낙오가 되는 것이 시장경쟁이다. 즉, 내가 이익을 많이 보면 누군가는 손해를 봤다는 의미가 된다. 직장 내에서도 마찬가지다. 내가 급여가 많아지면 누군가는 급여가 줄어들었다는 의미다. 기업이 모든 사람들에게 똑같이 함께 급여를 인상하지는 못한다. 연봉제 시대에 분명한 것은 내 평가에 의해서 S등급을 받은 사람이 있으면 F등급을 받은 사람이 있기 때문이다.

성과를 계속해서 낮은 등급을 받게 되면 자연스럽게 조직에서는 밀려날 수밖에 없다. 그만큼 조직 내에서는 경쟁력이 없다는 의미로 받아들여진다.

하지만 조직 내에서 성과가 좋은 등급을 계속 유지해 온다면 남들보다 빨리 조직 내에서 승진을 하게 되며 급여 또한 많이 받을 수 있는 위치에 오르게 된다. 엄연하게 조직은 성과를 관리하고 성과에 의해서 회사원들의 능력이 평가되고 있다. 이런 시스템을 이해하지 못한 채 회사 업무를 하게 되면 정말 일은 요란스럽게 했는데 정작 성과 없이 낙오자가 될 수도 있다는 것을 의미한다.

회사 생활에서 가장 중요한 것은 분명하게 성과를 올려야 한다는 것이다. 성과를 올리지 못하면서 다른 일 처리를 능숙하게 올려도 아무 소용이 없다. 그저 일 잘하는 사람으로 보일 필요도 없다. 우리가 정해진 목표에 의해서 평가받는 것이 회사원의 기준이며 그것을 잘 수행하지 못한다면 낙오자가 되는 것이다.

아무리 상냥하고 웃음을 잃지 않고 남들에게 잘해준다고 해도 자신의 정해진 목표를 미달하거나 성과달성이 미약하다면 좋은 점수를 줄 수가 없다는 사실이다. 조직은 개인 사업체가 아닐뿐더러 성과가 낮으면 밀려날 수밖에 없는 구조다. 남들에게 헌신하는 태도나 이유 없이 남들로 인해서 시간을 허비하는 일들에 대해서 때로는 단호하게 자신의 것부터 먼저 실행하고 관심을 가지기 바란다. 자신의 일부터 제대로 실행하지 못하면 결과적으로 돌아오는 것은 자신의 무능력에 대한 평가뿐이다.

아무리 토익 성적이 좋고 무수히 많은 자격증이 있더라도 회사 내에서는 자신이 수행하는 목표를 달성하지 못할 경우에는 누구도 인정해 주지 못한다. 회사에서 가장 신경을 쓰고 관리해야 될 것은 자신에게 주어진 업무의 목표를 달성하는 방법을 터득하는 것이다.

분명한 목표점이 생겨야만
일을 한다

우리는 일생을 살아가면서 끊임없이 사람들로부터 관심을 받는다. 저 사람은 무슨 일을 하고, 어디 출신이고 등등 따지면서 평가를 하게 된다. 직장이 대기업이고 중소기업이고 하는 일이 무엇이고, 학벌은 어디까지이고 등등 수많은 기준으로 평가한다. 어찌 보면 요즘 시대는 유치원, 어린이집부터 어디를 다니느냐에 따라서 평가가 달라지는 것 같다. 유독 한국사회에서는 개개인을 평가하는 기준이 매우 세부적이고 확고하다. 미국이나 서양의 문화는 결코 남에 대해서 이런저런 시선을 보이지는 않는다. 남을 그만큼 의식하지는 않는다는 의미다. 왜 그럼 우리나라는 남들의 일생에 대해서 이런저런 이야기를 늘어놓는 것을 좋아할까?

나는 그 이유에 대해서 아마도 우리나라가 과거 신분제 사회였던 측면이 강하기 때문으로 해석한다. 성공과 출세가 되지 않으면 남들을 무시하거나 아래로 낮게 바라보는 오래전 관습들이 무조건 성공해야 하는 고정관념으로 자리 잡게 된 것으로 생각한다. 물론 지금은 과거 조선시대처럼 양반, 평민 등의 신분제가 없어졌지만 현실적으로 오늘날에도 신분제적 관습들이 전혀 없어졌다고는 볼 수 없다.

요즘 많은 사람들에게 물어보면 과거처럼 부모가 돈이 없어도 성공할 수 있는 기회가 많다고 하지 않는다. 부모의 경제력이 곧 자신의 성장을 위하는데 매우 공헌도가 높다는 것은 사실이다.

하지만 부모의 경제력이 곧 성공으로 이어지는 것은 아니다. 좋은 환경을 제공하고 성장을 하는 데 있어서 도움이 되지만 자식의 성공은 곧 자식의 가치판단에 달려 있다고 볼 수 있다.

　정말로 철저하게 무시를 당했거나 고생을 해 본 사람들은 분명한 목표의식이 생겨난다. 그 목표의식은 그냥 일하는 사람들과 분명하게 차이점이 드러난다. 기필코 해야 된다는 사명감과 목표는 자신의 능력을 뛰어넘게 되어 좋은 성과로 이어질 수 있다. 이런 목표의식이 없으면 결과적으로 무슨 일이든지 철저하게 해내지 못하는 한계점을 드러낸다. 열정적으로 노력하는 자만이 성과를 달성할 수 있는 것은 분명하다.

도전은 새로운 일을 찾는 것이다

내가 잘하는 것을
파악해라

누구나 처음 접하는 일에 대해서 거부 반응이 있다. 그리고 전혀 모르는 일에 대해서는 일한다는 부담감이 존재한다.

시도를 해 보지 않고 안 하는 것은 우리의 뇌가 이미 못한다는 반응을 하기 때문이다. 하지만 그런 것들을 극복한 채 한번쯤 무조건 노력하고 경험해 보면 뇌의 반응이 할 수 있지도 않을까라는 생각으로 바뀌게 된다. 우리가 이미 안 된다고 생각하는 것들의 선입관은 이미 뇌에서 거부하기 때문에 나타나는 현상이라는 점을 기억해라.

스스로에게 닫혀버리는 생각을 하는 것은 매우 발전이 없다. 특히 직장 내에서는 더더욱 자신의 경험들이 닫힐 위험성이 크다. 특별히 자신이 잘하는 분야라기보다는 처음부터 해 왔던 일들이기 때문에 맡아서 하는 경우가 많고 성과를 올리기 위해서 부단히 노력하는 경우가 많다.

좀 더 자신에게 맞는 것들을 찾아 나설 수 있는 기회를 가지기 위해서 젊어서부터라도 빨리 경험을 쌓아보고 새로운 것들에 대해서 거부 반응을 일으키지 않도록 훈련하는 것이 지혜라고 생각한다.

나는 그런 생활의 경험이 오히려 도움이 많이 될 것이라고 여긴다. 젊어서는 다양한 경험을 하고 그런 경험 자체가 자신에게 있어서 더 빠르고 더 강한 성공으로 이끌어 줄 수 있는 힘이 될 것이라고 보기 때문이다.

자신이 선택할 수 있는 것들에 대한 기회 요소가 많다면 그것들을 충분히 경험하고 확실하게 선택하는 것이 좋기 때문이다. 직장 생활을 하면서 자신에게 어떤 것들이 맞는지에 대해서 평가하고 찾아 나서는 노력은 인생을 살아가는 동안 매우 중요한 가치점이 된다. 그러한 노력을 하지 않는다면 미래 자신에게 맞지 않는 옷을 계속 입고 다니는 현상을 경험할 것이기 때문에 답답해할 것이다.

업무를 할 때 자신도 모르게 답답함이 밀려오는 경우가 발생하게 되는데 회사라는 곳은 여러 사람들이 모여 있고 위계질서가 분명한 곳이다. 성과라는 측면도 고려해야 되고 어느 것 하나 쉬운 것은 없다. 하지만 자신이 분명히 좋아하고 잘할 수 있는 분야에 있는 것들을 찾아 나선다면 자신은 달라져 있을 것이다. 아무리 명문대를 졸업하고 우수한 성적으로 회사에 입사를 했더라도 회사 생활이 그렇게 생각만큼 좋은 환경에서 근무하는 것은 아니다. 그래서 수많은 사람들이 어려운 채용 과정에 합격하고도 중도에 퇴사하는 경우가 빈번하다.

내가 생각한 것들과 다르다는 가치인식뿐만 아니라 답답하다는 자신의 통제 불능 상태를 극복하지 못하기 때문이다. 그리고 미래가 보이지 않는다는 자신의 한계점으로 인해서 극복하지 못하는 측면이 강한 것도 퇴사를 부추기는데 한몫을 한다. 하지만 일정 기간 자신이 노력하고 극복할 수 있는 기간이 필요한 것을 잊지 말아야 한다. 자신의 길에 대해서 정의하지 못한다면 분명히 갈등이 생기게 마련이다. 이러한 갈등을 아예 원천봉쇄하려면 나는 이 회사에서 정년까지 마치겠다는 다짐을 주위 사람에게 하는 것이 확실하다. 그렇다면 아무리 어려운 문제도 돌파하게 마련이다.

하지만 그런 표현은 정말로 자신이 많은 경험을 해보고 일에 대해서 바라보는 관점이 정의가 되었을 때 자신을 극복하는 방법으로 활용하기 바란다. 자신의 길도 아닌데 무턱대고 애써서 일하는 것은 아무런 도움이 되지 못하기 때문이다. 자신의 길과 환경에 대해서 회사가 주는 부분에서 이익을 고려한다면 무조건 회사를 다녀야 하는 가치를 인식하기 바란다.

그리고 무조건 회사 생활을 알차게 하기 위해서 노력해 나간다면 어느 정도 성과 있는 직장 생활이 될 것이다. 너무 답답하고 초조해하지 말고 자신이 다니고 있는 회사에서 무한한 경쟁력을 기르는 것이 지혜로운 삶이 될 수 있다.

사회 초년생이 직장을 다니지 않고 무엇인가 하거나, 다른 일로 소속이 없다거나 한다면 시간이 지날수록 리스크가 커지기 때문이다. 그래도 직장이라는 곳은 자신의 경력과 경험을 인정해 주는 사람들이 있기 때문에 최소한의 유지가 되는 것도 인정해야 한다. 아무리 회사에서 맞지 않는 일을 하고 불협화음이 상사나 동료와 있다고 해도 우선은 자신이 직장에서 받는 것들이 별 볼 일 없다고 해도 직장 생활 자체가 자신을 인정하는 경력으로 받아들이기 때문이다.

그런 것들을 평가한다면 지금 일하는 직장, 또는 다녀야 될 직장에 대해서 감사함을 느끼고 일하는 지혜가 필요하다. 직장을 그만두는 순간부터 자신의 경력은 인정받기 어렵기 때문이다.

인생은
조금 천천히 가도 괜찮다

2010년 우리나라 기대수명은 남자가 78세고 여자가 83세라고 한다. 하지만 인간은 누구나 빨리 죽고 싶은 사람은 없을 것이다. 맘대로 오래 산다고 살 수도 없는 것이고 죽고 싶다고 해서 죽는 것도 아니다. 다만, 인생의 여정만큼 간단한 진리도 없을 것이다.

80세건 100세건 중요한 것은 결국 인간은 죽음이라는 날짜가 정해져 있고 어느 정도 나이가 되면 죽음이 가까이 온다는 사실이다. 그러나 죽음이라는 것을 우리는 쉽게 간과하고 있는 측면도 있다. 지금 나이도 어린데 죽는 이야기를 늘어놓는 것이 좋지는 않겠지만 앞만 바라보면서 영원히 살 것처럼 목숨 걸면서 사는 우리의 행동이 때로는 무모할 수도 있다는 의미다.

조금 더 깊이 있게 생각한다면 삶을 살아가는 열정과 노력도 중요하지만 자신의 생애의 끝에 대한 날짜도 생각을 하면서 준비해야 된다는 것이다. 인간에게는 죽는 나이가 정해져 있지 않기 때문에 더 희망이 있다고 생각할 것이다. 하지만 암 선고를 받고 죽는 날짜가 다가온 수많은 사람들은 인생을 살아가면서 몇 가지 후회스러운 일들을 토로하곤 한다.

　작은 것들로 욕심을 채운 인생 과정에 대해서 후회하고 돈과 명예를 좇아가면서 행복을 잃었던 것들에 대해서 후회하고 가족을 돌아보지 않았던 것들에 대해서 후회하는 내용들이다. 죽은 뒤에는 많은 재산도 소용없고 명예도 소용없다. 그저 자신이 행복감을 느끼고 많은 사람들에게 따뜻한 사람들로 남기를 희망한다.

　인생이 긴 여정일 것 같지만 잠시 잠깐이다. 20대에 대학에 입학해서 취업준비를 하고 30대에 결혼하고 자식을 낳고 하다 보면 어느새 40대가 된다. 40대와 50대에 치열하게 삶을 살아오면서 60대를 맞이하게 되는데 벌써 어느덧 은퇴라는 자신의 삶에 준비하는 과정을 맞이하게 된다. 이러한 삶의 패턴은 누구에게나 비슷하게 전개된다. 그런데 안타까운 것은 뭐를 좀 하려고 시작하려고 하는데 벌써 60살이 넘어서게 되는 경우가 많다는 것이다. 이제 좀 자식들 결혼시키고 홀가분하게 자신을 위해서 인생을 살아가고 싶은 나이가 60살 이후가 된다. 그때부터 자신이 좋아하는 일도 하고 자신이 살아가는 동안 여생을 행복하게 살고 싶은 욕구가 생기게 된다. 하지만 우리의 인생이 꼭 그렇게 자유롭게 되는가? 절대로 아니다.

　노후 생활을 여유롭게 할 만큼 돈을 모아 둔 것도 아니고 먹고 살기가 힘든 생활 속에서 여유는 꿈일 수도 있다. 가족들을 위해서 중년을 열심히 일해 왔고 노력해 왔지만 정작 자신을 위해서 인생을 살아온 것 같은 생각은 안 든다. 자신의 정체성은 갖지 못하고 무엇인가에 쫓겨서 인생을 살아온 것이 60살이 되어서는 정말로 후회하는 것 중에 하나라는 사실이다. 인생을 60살 이후부터 다시 살 수 있다고는 하지만 그것은 쉬운 것은 아니다. 시간은 한 번 지나가면 다시 오지 않는다. 다만 자신이 열정적으로 무엇인가를 하겠다는 준비를 오랫동안 해오고 관심을 가져왔다면 달라질 수는 있다. 그러나 대부분 지금의 직장과 환경에 적응되어 있고 꼼짝할 수 없는 것들로 채워져 있는 지금의 현실에서 다른 생각들을 준비하기란 여간 어려운 것이 아니다.

얼마 전에 필자와 절친한 강사 한 분과 이야기를 나누었다. 이 분은 퇴직자들을 위한 인생 재설계와 은퇴 프로그램을 중심으로 교육을 하시는 분이다. 은퇴자들을 만나게 되면 공통적으로 느껴지는 부분이 많다고 한다. 그것은 과거에는 자신이 무엇을 했었는데, '지금은 아니다'라는 좌절감이라는 것이다. 그래서 너무도 쉽게 할 수 있는 것들도 지금은 못한다는 부정적 사고가 팽배하다는 것이다.

나이라는 것은 중요하지 않지만 자신은 이미 세상에서 필요 없는 존재감이라는 사실을 받아들이기 때문이라는 것이다. 대부분 55세에서 65세까지의 나이대에서 과거 열정적으로 살아오신 분들인데도 그런 생각들이 많아서 은퇴자에 대한 우리의 시각들이 정말로 다르다는 것을 느끼게 한다는 것이다.

나는 대기업에서 임원으로 있다가 얼마 전에 퇴직한 A 임원을 우연히 만난 적이 있었다. 살은 좀 빠졌는데 운동을 열심히 해서 그렇다고 한다. 그런데 임원의 위풍당당했던 자신감은 없어지고 이제 삶을 살아가면서 무엇을 해야 할지 모르겠다는 우울증에 대해서 토로한 적이 있었다. 과거 수많은 직원들을 거느린 조직의 장으로서의 생활이 익숙했던 분이 이런 이야기들을 하는 것을 보면 나로서는 상당한 충격이었다. 그저 편안한 노후를 보내고 가족과 함께 행복하게 살아가고 있는 것으로 생각했는데 본인은 정작 스트레스와 우울증에 시달리고 있다니 정말 놀라웠다. 자신이 해오던 일들이 한순간에 없어지고 나니 기분이 날아갈 것 같았지만 일이 없어지면서 무료하고 할 일을 하고 싶지만 못한다는 생각들로 자신의 존재감이 무력해진다는 의미였다. 그렇다면 나는 그런 것들을 극복하시기 위해서 다시 한번 일을 해 보시는 것이 어떠시냐고 물어봤다. 그랬더니 A 임원은 "이 나이에 나를 써줄 곳도 없고 무슨 일을 하겠나?"라는 단념적인 대답뿐이었다.

한때는 대기업에서 활기차게 일하고 추진력 있기로 손에 꼽히셨던 임원분이 60살이 넘으시면서 한참 일할 때와는 다른 자신감으로 살아가시는 것 같았다. 영어와 중국어를 유창하게 하시고 늘 나에게 업무적으로 배우도록 아낌없이 지원해 주셨던 분이셨는데 퇴직 후 3년 만에 만나 뵈서 느낀 점은 허무하다는 사실이었다.

물론 나는 젊은 사람들에게 이런 이야기를 하고 싶지는 않다. 희망을 가지고 미래를 위해서 돌진해야 되는 많은 젊은이들이 미래의 불안한 현실을 부정적으로 이야기하고 싶지는 않기 때문이다. 하지만 우리의 인생관에 있어서는 분명히 깨닫고 알고 있어야 할 것들이라고 생각한다.

앞을 보고 달려가지만 우리가 살아가는 인생에 대한 전체적인 모습들을 보고 가는 지혜가 필요하다. 그 이후의 인생에 대해서는 우리는 너무 문외하기 때문이다. 조금은 여유 있게 자신의 삶의 가치에 대해서 긍정적인 메시지를 던져봐야 한다. 살아갈 날에 대한 다짐을 해보는 것도 좋을 것이다. 잊혀지고 있는 것들과 잊고 살아가는 것들에 대해서 다시 한번 돌아보는 지혜가 필요한 것 같다.

만남은 헤어짐을
준비하는 과정이다

만남이라는 것은 늘 새롭다. 사람을 만날 때 점점 알아가면서 정겹게 느껴지는 아름다움이 분명히 존재하기 때문이다. 초등학교 시절을 생각해 보자. 같은 반에 있던 친구들이 새롭게 학년이 올라가게 되면 흩어지게 된다. 그런데 그 친구들과 다시 같은 반이 되면 그렇게 반가울 수가 없다. 새로운 학년에서 적응한다는 부담감이 아는 친구 한 명으로 위안이 된 시절이었다.

우리가 살아가면서 영원히 함께 할 것 같지만 만남은 항상 짧다. 살아가는 환경이 그렇게 변하게 되고 각자의 인생을 살아가야 하는 존재들이라서 그렇다. 부모와 자식 간에도 평생같이 살 것 같아도 20년 안팎이 되면 떨어지게 된다. 새로운 가정을 꾸려나가고 보는 횟수가 늘어나지 않게 된다. 부모 자식 간에도 같은 하늘에 살고 있지만 얼굴 보기가 어렵다. 부모와 자식 간에 만남의 시간을 늘리고 싶다고 해도 상황이 그리 넉넉하지 못하기 때문에 얼굴 볼 시간이 줄어든다.

또한 초등학교, 중학교, 고등학교, 대학교 시절에 친하게 지냈던 친구들도 만나는 사람들은 그리 많지가 않다. 같은 지역에 살지도 않을뿐더러 각자의 삶이 있기 때문이다. 군대 동기들도 전역을 하게 되면 모두가 잊혀지게 된다. 어찌 보면 지금 우리가 살아가는 관계는 만남보다는 잊혀지는 것들에 익숙해져 있는지도 모르겠다.

이웃집에 살던 사람들도 언젠가 그 지역을 떠나게 되면 멀어지게 된다. 다니던 교회에서의 만남도 새로운 일터로 옮기게 되면서 이사를 하게 되면 사람 간의 만남도 멀어지게 된다.

이렇듯 만남은 우리에게 알려주는 가치가 많다. 생존의 시대에서 서로가 서로를 만나는 시간은 길지 못한다. 나는 신입 사원 시절에 사람 간의 관계로 어려운 적이 있었다. 누구나 마찬가지지만 막상 직장 생활을 하다 보면 맘에 맞는 사람이 있는가 하면 맘에 맞지 않는 사람도 있다.

자유로운 대학 생활에서는 자신이 좋아하는 사람하고만 어울릴 수 있지만 직장은 그렇지 못한 곳이기 때문에 맞지 않는 사람들과도 얼굴을 맞대고 지내야 한다.

그러나 조직 변경과 함께 수많은 사람들이 서로 달라지고 없어지기도 하고 새로 오기도 한다. 그런 모습들을 경험하면서 깨닫는다.

'있을 때 조금 더 잘해줄걸.' 미우나 고우나 그 당시 함께 일한 사람들을 배려하지 못한 것들이 아쉬움으로 남는다.

말단 신입 사원 때는 잘 몰랐다. 그런데 지내고 보니 제발 떠나지 말고 옆에 서로 있어 주었으면 좋겠다는 생각들이 많아진다. 그만큼 나이를 먹게 되면 떠나는 사람들이 그립게 된다.

하지만 만남의 시간 동안에 우리는 그것을 깨닫지 못한다. 지금 당장 헤어짐을 생각하지 않기 때문이다. 잊혀지는 사람들이 우리 머릿속에는 참으로 많다. 그 사람들을 한번쯤 다시 생각해 본다면 우리 주위 사람들이 얼마나 소중한 것인지 깨닫게 된다.

그렇다. 작은 것에서 소중한 만남이라는 것을 인식하고 서로에게 감사함을 느끼면서 사는 것이 필요하다. 인생에서는 잠깐 동안의 만남 뒤 헤어짐은 영원히 보지 못할 가능성이 많기 때문이다. 만남은 항상 헤어짐을 준비하는 과정이다.

당신에게 주는 목표점을 기억해라

지나가는 시간은
생명과도 같다

세상에서 가장 소중하게 생각하는 것이 생명이다. 한 번의 삶은 영원히 다시 돌아오지 않는다. 살아가는 이 시간은 우리의 생명과도 같다. 아마도 생명을 소중하게 생각하지 않을 사람은 없을 것이다. 그래서 시간을 낭비하지 말고 생명처럼 소중하게 다루어야 한다.

인생을 살면서 여러 사람에게 알려진다는 것은 쉬운 것이 아니다. 마흔이 되면 특히 자신의 영역이 한층 더 작아지게 된다. 서른에서 마흔 사이 노력 여하에 따라서 우리의 인생이 결정될 수도 있다. 하지만 마흔을 넘기면 타인에게 알려지는 성공은 꿈꾸기 어렵게 된다.

자신의 인생에서 큰 성공을 한다거나 사회적 지위를 누린다고 해서 결코 행복해지지는 않는다. 작은 울타리 안에서 자신의 영역을 만들고 지켜나가면서 행복을 꿈꿔도 충분히 아름답다.

사실 인생이 긴 시간 같지만 자신을 드러내고 사회적으로 성공할 수 있는 시간적 여유를 많이 가지고 있지 못하다. 이 책을 읽는 독자들도 지금까지 살아온 날보다는 살아갈 날들이 많을 것이다. 그렇지만 과거 살아온 날보다 앞으로의 살아갈 날을 가치 있고 소중하게 지낼 수 있는 사람들이 많지는 않다.

나이가 들고 노년으로 갈수록 시간의 활용이 더 의욕적으로 되지 못하기 때문이다. 젊음의 시간은 그만큼 가치 있는 것이다. 노년의 시간보다 오히려 훨씬 더 자신을 위해서 투자하고 즐겁게 생활하고 웃을 수 있는 여유를 주기 때문이다.

젊음의 시간을 낭비한다면 그것은 생명을 짧게 만드는 것과 같은 것이다. 최근 많은 젊은이들은 편한 곳에서 안주하고 싶어 하는 생각을 많이 한다. 사회가 어렵고 감원 바람이 조직 내에서 불어 닥치면서 안정된 곳을 선호하는 사회적 변화 때문이기도 하다.

하지만 젊어서는 고통을 인내하고 자신의 가치를 높일 수 있는 기회를 찾아 나서야 한다. 아무리 말로 이야기해도 자신이 직접 피부로 느끼지 못하면 알 수가 없다. 안주하는 삶을 청년들이 원하게 되면 그만큼 나이가 들면서 자신의 경쟁력이 없어진다는 것을 깨달아야 한다. 시간은 지나가면 어떻게 시간을 보냈고 활용했는지 분명한 성과로 나타나게 되어 있다.

누구나 회사에서 고통스럽고 탈출하고 싶은 충동이 들 때가 많이 있다. 하지만 이럴 때가 아니고는 절대로 배울 수 있는 기회는 많지가 않다. 오히려 감사하게 생각하고 적극적으로 그 고통을 즐기고 배워나가는 것이 당신을 향후 몇 배의 가치 있는 사람으로 변화시킬 것이다.

어떠한 어려움이 닥쳐도 그런 경험을 해보면 자신이 어떻게 해결해야 되는지 업무적인 측면에서 돌파구를 찾아내게 된다. 일반적으로 고통의 기간 없이 역량이 극대화되기란 어렵다. 그리고 인간은 누구나 고통을 회피하려고 하기 때문에 피하게 된다.

한때 내가 다닌 회사는 성과를 극대화하기 위해서 강도 높은 직무를 감당해야 할 때가 있었다. 내 동기는 그러한 업무를 참지 못하고 사직서를 제출했다. 회사의 팀장은 인력이 한 명 아쉬운 상황에서 동기를 적극적으로 설득했고 동기도 어려운 때 함께 고통을 참고 인내하자고 다짐했다. 많은 동기들이 그만두었지만 나와 그 친구는 끝까지 남아서 마지막 힘을 다해서 회사에 보탬이 되었다. 결국은 나와 이 친구는 회사 전체를 좌우하는 핵심 운영팀에서 성과를 극대화하면서 성장했다. 중간에 그만둔 동기들은 다른 회사로 이직을 했지만 결과적으로 그곳에서도 어려움이 있기는 마찬가지라는 소리를 종종 듣게 되었다. 좀 더 편안한 것들을 추구하고자 떠난 친구들이 오히려 부러움을 표시하는 상황이 되었다.

동기의 말로는 그때의 어려움을 경험하면 지금의 일은 아무것도 아니라고 말한다. 이직을 해서 편안한 직장에 다니는 것도 좋겠지만 젊은 시절 고생을 통해서 자신의 역할을 극대화하고 어려움을 헤쳐나가는 지혜를 배운 것에 대해서 상당히 자신감이 넘쳐 보였다. 시간을 함부로 보내지 말고 무엇을 하든지 자신이 배울 수 있는 시간으로 사용하기 바란다.

즉, 젊음에서 고통은 향후 자신의 전문성에 무한한 잠재력을 더해주기 때문에 피하지 말고 맞서서 싸워 이겨낸다면 분명히 자신에게 엄청난 경쟁력으로 다가서 있을 것이다.

당신이 하는 일에
흐트러지지 말라

인생에는 굴곡이 있듯이 모든 일도 뜻대로는 되지 않는다. 자신이 하는 일에 있어서도 좋은 성과가 나오는 때가 있으면 성과가 악화되는 측면도 경험하게 된다. 문제는 회복의 조짐이 보이지 않고 부정적인 성과가 계속 창출될 때이다. 특히 조직에서는 CEO들이 자주 교체되는 이유가 성과에 대한 불확실성이 많아지기 때문이다. 모든 권한을 넘겨받은 CEO가 조직의 성과를 올리지 못한다고 판단하면 교체하는 대상이 된다. 그래서 CEO는 어디나 오래가지 못한다.

우리는 최고 정상일 때 인생을 다 산 것처럼 행동하는 경우가 많다. 정상은 반대로 내려오는 일이 많다는 것을 깨달아야 한다. 마치 험한 산을 오르는 것처럼 정상에 올랐으면 그보다 더 높은 산을 오르기 위해 다시금 내려가는 것을 반복하는 것이다.

자신이 추진하는 일이 안될 경우 미리 대비를 해야 한다. 조직에서는 성과가 미비하게 되면 가장 먼저 살펴보는 것이 경영자의 회사 운영에 대한 전반적인 자질을 검토하는 것이다. 불성실하게 회사를 운영했거나 운영 과정에서 어떤 문제가 있는지를 파악하는 것을 가장 우선적으로 살펴보게 된다. 이때 경영자가 불필요한 작은 행동 하나가 큰 오해를 불러오는 경우가 참으로 많다. 잘될 때면 넘어갈 일들이겠지만 안 되기 때문에 과거에 행동한 것들에 대해서 문제를 삼는 것이다.

잘될수록 자신의 처신을 확고히 다져야 하는 것은 인생을 살아가면서 매우 중요한 부분이다. 특히 관리자로 올라갈수록 돈에 대한 명확한 윤리의식을 갖지 않으면 작은 행동 하나에도 오해의 소지를 갖게 된다. 돈의 사용을 항상 조심하고 조심해야 한다.

우리는 잘 나갈 때 맘껏 쓰고 놀고 여유를 부린다. 하지만 잠시 잠깐의 행복은 향후 약점으로 돌아오는 것을 명심해라. 조직에서는 경영의 성과도 중요하지만 그보다 더 중요한 것은 얼마나 투명하게 일하느냐에 초점이 맞추어져 있다. 성과가 좋지 못하더라도 바른 목적으로 일하고 노력한 흔적이 보여지면 절대로 조직에서 나가는 일은 없다.

하지만 대부분은 잘 안될 때 감사를 받아서 과거에 진행해 온 일들에 대해서 불필요한 오해와 의심으로 조직을 떠나게 되는 사례가 많다. 누구나 잘될 때는 문제를 삼지 않는다. 문제는 안 될 때가 어려워진다는 것이다. 안되게 되면 왜 안 되는 것인지를 파악하게 된다. 회사에서 사용하라고 정해준 돈이라고 해도 자신은 투명하게 관리하고 사용해야 함을 명심해야 한다.

피터 드러커 교수는 자신이 하는 일에 대해서 아무도 알아주지 못하더라도 신은 분명히 알고 있다는 것을 강조한다. 즉, 당신이 하는 일에 대해서 아무도 모른다는 생각을 하지 말고 누군가가 지켜보고 있다는 것으로 일하라는 뜻이다. 그런 생각으로 일을 하면 절대로 흐트러지지 않는다.

가끔씩 뉴스를 듣다 보면 금융권에서 고객의 돈을 몰래 빼내서 사용한 범죄의 내용을 접하곤 한다. 그뿐만 아니라 일반 사기업에서도 경리 직원이 회사의 자금을 임의로 사용해서 적발되는 사례들이 적지 않게 나오고 있다. 이는 자신이 범죄 행위라는 사실을 처음에는 알지만 자신의 돈이 아닌 타인의 돈을 만지다 보면 범죄 행위조차 잊어버리는 망각이 발생하게 된다.

흔히 우리의 일상생활 중에서 도덕 불감증의 사례는 소프트웨어를 불법으로 다운로드 받거나 유통시키는 행위다. 남의 재산권에 대해서 돈을 지불하지 않고 이용하는 것은 돈을 안 주고 물건을 가져가는 절도의 행위와도 같은 측면이다.

회사의 비밀 정보를 몰래 빼내서 타인이나 타경쟁사에게 넘기는 행위도 엄청난 불법적인 행위이다. 우리들이 인생을 살아가면서 개인적인 범죄 행위에 대해서 무감각한 상태가 너무도 쉽게 온다는데 심각성이 있다.

자신이 하는 일은 언제나 기록으로 남게 된다. 지금은 모르고 상관없다는 생각을 할지 모르지만 위로 올라가면 갈수록 자신의 과거에 대한 행적에서 후회하는 경우가 참으로 많다. 고위 공직자는 청문회 과정에서 뜻하지 않은 작은 실수 하나로 낙마하는 경우도 발생한다. 이는 자신이 향후 미래에 대해서 어떤 사람이 될 것이라는 것을 준비하지 못하고 과거에 행동에서 잘못된 부분들이 표출되었기 때문이다.

작은 부분이라도 미래의 성장을 위해서는 자신의 행동에 대한 책임과 윤리적 의식이 들어 있어야 한다. 그것이 꼭 높은 자리를 올라갈 수 있는 목적의식이 아니라 행동 가짐에서 성공할 수 있는 자질을 갖추느냐의 문제인 것이다.

자신이 하고 싶은 일에
목숨 걸어야 성공한다

6시 생방송을 진행하는 아나운서들은 보통 새벽 5시 전에는 방송국에 출근해야 한다. 새벽 뉴스를 꼼꼼히 살펴보고 준비를 해서 정확한 시간에 방송을 해야 하기 때문이다. 일이 피곤하더라도 아나운서들은 남다른 목표점이 있기 때문에 항상 희망차게 보인다.

그것은 자신이 하고 싶은 일들을 하기 때문이다. 아나운서의 입사 경쟁률은 보통 수백 대 일이다. 어려운 관문을 뚫고 입사된 아나운서들은 수많은 훈련과 교육과정을 거쳐서 시청자들에게 방송을 전하게 된다. 아나운서가 겉으로는 방송을 하기 때문에 좋아 보이지만 생방송을 진행한다는 것 자체는 엄청난 스트레스와 긴장감이 나오기 마련이다. 그 과정 속에서 자신을 단련하고 훈련시키면서 성장해 나가는 것이 아나운서다.

일반적으로 직장인들은 프로 의식을 갖추기가 매우 어렵다. 직장 생활이 꿈인 사람은 많지가 않다. 직장 생활을 잘하는 사람은 직장 생활이 꿈이기보다는 직장 내에서의 목표점이 확실하기 때문일 것이다. 대부분은 돈을 벌기 위해서 직장 생활을 필수적으로 해야 하기 때문에 다닌다는 생각이 강하다. 사실 직장 내에서 어떤 열정의식을 갖추기는 매우 어렵다. 특정한 업무를 담당하는 회사의 경우 예외는 있지만 일반적인 직장에서는 특출한 성과를 창출하기도 어렵고 단기간에 자신의 성과를 올려서 출세하기도 쉽지가 않다.

직장 생활에서 자신의 꿈을 실현시킨다는 것은 정말로 어려운 부분이다. 그래서 직장 생활이 대부분 재미가 없다고들 한다. 늘 같은 일을 반복적으로 수행하고 정해져 있는 일들에 대해서 끊임없이 성과를 창출해야 하기 때문이다. 자신의 열정을 올리기가 쉽지 않은 구조가 바로 직장 생활이다. 직장 생활을 잘하는 사람들은 대부분 개인의 욕구에 대해서 표출하고 개인의 성과에 대해서 관심이 많은 사람들보다는 조직 내에서 적응해 나가는 것을 좋아하는 사람들이 성장할 가능성이 크다.

반면에 아나운서들은 자신의 역량을 극대화할수록 자신의 가치가 올라가는 직업이다. 그렇기 때문에 프로다운 기질이 생겨나서 열정적으로 일하게 된다. 다만 아나운서는 자신들이 원하고 열정을 불어넣는 사람들이 선택하는 직업이기 때문에 일하는 과정이 힘들어도 가치를 느낄 수가 있는 것이다. 직장 내에서도 이런 가치를 불어넣는다면 하루하루가 즐거울 것이다. 재미가 없다고들 하소연하는 직장에서 어떤 가치점을 찾을 수 있을지 고민해 보기 바란다.

직장 생활이 재미가 없는 이유는 목적의식과 열정이 없기 때문이다. 자신이 하고 싶은 일이 아니고 어쩔 수 없이 다녀야 하는 곳으로 인식되기 때문이다. 하지만 이제부터는 이런 사고를 버려야만 자신이 성장할 수 있다는 태도를 가지기 바란다. 모든 일은 자신의 맘먹기에 달려있고 어떤 가치점으로 자신이 일을 해야 되는지 느끼게 된다면 직장 생활도 아나운서처럼 의욕적인 직업이 될 것이다.

자신이 하는 일에 목숨을 걸면서 일하면 성공하지 않을 일들이 없다. 최선을 다하지 않은 이유를 분석해 보고 자신이 최선을 다하기 위해서 어떤 과정들이 필요한지를 분명하게 자신에게 제시하기 바란다. 세상에는 최선을 다하지 않는 이유가 분명히 존재하며 그 이유를 해결점으로 만드는 과정에서 보이지 않는 성공의 차이가 있다.

당신에게 기대하는 만큼 실망도 크다

변화를 받아들여만
발전한다

인간은 누구나 현재 상황에 적응되어 있고 익숙해져 있다. 나이가 들면 들수록 더더욱 변화라는 것을 싫어하게 된다. 철이 오래되면 녹이 슬고 고인 물은 오래되면 썩듯이 변화가 없으면 누구나 쇠퇴하는 것은 시간문제다. 안주하고 있는 인생을 살고 있다면 발전이 없다. 새로운 생각과 새로운 마음가짐을 인간은 되새겨야만 발전을 하고 창조적인 결과물을 만들어 낸다. 인간이 동물과 다른 점은 뇌의 사고가 활발하게 움직여서 새로운 결과물을 창조한다는 데 있다. 움직이지 않고 뇌를 사용하지 않는다면 동물들과 다를 바가 없다.

세상의 모든 일들이 그렇지 않은가? 지금 이대로가 좋은데 내가 왜 변해야 되는지라는 사고를 가지고 있다면 분명 안주하고 있는 것이다. 20~30대 젊은이들이 가지고 있는 사고 중에서 고통을 싫어하고 편안함을 추구하는 생각들이 점차 번져나고 있는 것들이 안타깝다. 젊다면 무한한 도전과 고통쯤은 감수해야 되지만 우리는 그런 것들이 벌써부터 싫어지고 안정된 것들을 원한다.

20~30대는 젊음을 통해서 미래를 준비하는 단계다. 인생이 90살까지 살게 되는 나이를 고려한다면 젊어서부터 편안한 직장과 휴식처를 생각하는 마인드는 당장 버리는 것이 필요하다. 편한 것을 추구하는 것은 인간의 본성이며 누구도 마다하지 않는 달콤함이다. 요즘은 안정된 직장을 선호하는 풍속도가 높아지면서 공무원, 공사 등 비교적 정년이 보장된 일자리를 선호하는 추세이다. 자신이 원하는 일들은 버려둔 채 우리는 편하고 안정된 곳만 쫓아가고 있다. 하지만 우리가 깊게 생각해야 될 것은 어느 곳에서 일하든 자신을 혹독하게 훈련하고 채찍질을 가하지 않는다면 성장이 되지 못한다는 사실이다.

특히, 20~30대는 변화에 더욱 민감해야 한다. 이 시기는 다시는 돌아오지 못하는 자신의 기반을 다지는 시기이기 때문이다. 20~30대에 자신의 길을 정확하게 파악하지 못하고 시간을 소홀히 지나게 되면 결국은 40대 이후 늘 같은 삶을 반복하고 성장력이 떨어지는 생활이 연속될 가능성이 매우 크다. 20~30대에 왜 자기 계발에 목숨을 걸고 해야 되는지는 자기 스스로에게 질문을 던져야 할 것이다. 아무리 누군가가 이야기를 한다고 해도 자신이 깨닫지 못한다면 소용없는 과정이기 때문이다. 20~30대 10~15년간의 직장 생활은 인생에서 가장 중요한 시기이자 자신의 전문성을 확고히 다지는 시기다. 직장에서 이 시기를 헛되게 보내면 돌이킬 수 없는 후회가 뒤따른다. 30대의 직장 생활은 변화와 혁신에 몸부림치면서 고독하더

라도 스스로 노력하는 자세를 갖춰야만 성공으로 더욱 가까이 다가
설 수가 있다.

회사 생활의 법칙을
이해해라

회사 생활을 잘하려면 당연히 회사에 대해서 잘 알아야 한다. 회
사뿐만 아니라 모든 일이라는 것이 처음 해 보면 잘 알지 못하기 때
문에 성과가 나오지 못하게 된다. 하지만 처음 출발점부터 마치는 끝
점까지 일에 대한 흐름을 알고 있으면 자신이 하는 일의 과정을 조
정하고 깨닫기 때문에 성과 있는 결과물을 창출하기가 수월하다.

회사 생활도 일정한 법칙이 있다. 주위를 둘러보면 연령대에 따라
서 직장에 남아 있는 사람들의 흐름을 읽을 수 있고 회사가 어떻게
돌아가고 있는지를 알게 된다. 주위 동료들과 평생 직장 생활을 같
이 할 것 같지만 나중에 보면 대다수 회사를 떠나게 된다.

회사의 법칙에 대해서 당신이 얼마나 빨리 알아차리고 느끼는가에
따라서 당신의 성장 속도는 좌우될 수 있다. 사소한 것 하나까지도
회사는 문화가 다르다. 경력직 사원들이 대다수 이직을 할 때 느끼
는 점은 전에 다니던 회사와 다르기 때문에 힘들어하곤 한다. 대다
수 회사들은 독특한 기업 문화가 존재한다.

기업 문화에 따라서 회사는 다양한 법칙들을 만든다. 그리고 그
문화라는 것은 기업이 오랫동안 존속되면서 자연스럽게 만들어진 것
으로 바뀌기는 어렵다.

회사에서 능력이 부족하다는 판단을 하게 되면 오랫동안 다니기 위해서는 천천히 자신의 존재감을 드러내지 않은 채 생활하는 것이 오히려 오래갈 수 있을 것이다.

회사의 규모와 성격에 따라서 조직문화도 차이를 보이고 있다. 전체적인 빠른 프로세스를 요구하는 회사들은 상당히 업무량이 많다. 당연히 사람 중심보다는 일 중심의 조직문화가 스며들어 있기 때문에 개인주의화 되어 있을 가능성이 크다. 또 다른 회사는 회사의 프로세스 측면이 다소 여유가 있으면 조직의 전체적인 분위기는 보수적인 부분으로 흘러갈 소지가 크다. 회사 생활은 회사의 성격과 문화적인 측면에 따라서 많은 부분 달라지기 때문에 이러한 분위기를 잘 파악하여 본인이 어떠한 업무 스타일을 갖추고 가야할지를 인지해야 한다.

보수적인 회사문화는 급격하게 바뀌지 않는다. 회사의 임직원들이 고유하게 뿌리내린 문화 속에서 자신은 그런 문화가 싫다고 행동한다면 회사 생활에서 좋은 평가를 받을 수가 없다. 회사라는 곳은 자기 마음대로 움직이는 곳이 절대로 아니다. 회사의 문화를 잘 살펴서 자신이 적응할 수 있는 여유를 가지는 노력이 중요하다.

계열사가 많은 곳이
오래 버틴다

요즘 회사 생활을 하다 보면 좋은 기업의 기준들이 참으로 많다. 다양한 복지 제도를 직원들에게 주며, 회사가 발전되는 만큼 직원들에게도 인센티브를 제공하고 여러 가지 측면에서 회사는 직원들이 사기를 높이기 위해서 노력하고 있다. 직장 생활은 오랫동안 자신의 가치를 느끼면서 일하는 보람을 찾는 것이 매우 중요하다. 직장 생활을 15년 이상 하게 되면 서서히 밀려난다는 생각이 든다. 과장까지만 하더라도 위에서 평가하는 집단이 넓고 대다수 객관적인 평가 지표가 동원되기 때문에 승진에는 자신감이 높아지게 된다.

하지만 차장이나 부장이 되면서 자신을 평가하는 집단이 짧고 개인적 사견들이 많이 들어가기 때문에 아무리 능력이 좋다고 해도 대인 관계나 조직을 통솔하는 능력이 없이는 임원 자리를 맡기기가 어렵게 된다.

능력이 출중한 사람도 어느 날 갑자기 위에 새로운 임원이 들어오게 되면 다른 부서로 쫓겨나거나 인사 발령으로 새로운 보직을 담당하게 된다. 자신이 쌓아 온 능력은 한순간에 물거품이 되기도 하고 자신보다 못한 수준의 직원이 자신이 역할을 대신하는 경험을 하게 된다. 직장 생활에서는 결코 자신의 능력만 믿고 움직여서는 안 된다. 조직에서는 철저하게 자신의 사람이라고 생각하는 사람을 키워 주기 때문이다.

밀려나기 시작할 때 직장에서 그래도 오랫동안 버티는 힘은 계열사가 많은 곳이 상당히 유리하다. 계열사가 많은 기업은 자신이 비록 밀려나더라도 타계열사로 자신의 능력을 발휘할 수 있는 시간을 찾을 수 있기 때문이다. 반면에 계열사가 없이 한 회사에서 그런 일들이 발생된다면 참으로 난감하게 된다. 회사를 나갈 수밖에 없게 되는 측면이 될 수 있는 구조다. 그래서 계열사가 최대한 많을수록 자신은 회사에서 오랫동안 다닐 수 있고 계열사 내에서 성과를 극대화한다면 한번쯤 밀려나더라도 다시 인정받을 기회가 생기게 된다.

그래서 대부분 대기업의 직장 생활이 오랫동안 갈 수밖에 없는 이유다. 중견기업이나 중소기업은 다른 계열사로 갈 수 있는 폭이 작기 때문에 직장의 수명 자체가 짧을 수밖에 없다. 이런 점 등으로 직장 생활을 오랫동안 유지하기 위한 전략은 계열사를 많이 확보하고 있다면, 대인 관계를 잘만 유지한다면. 최소한 밀려나더라도 걱정을 덜 할 수가 있다.

내가 아는 A 부장의 경우에는 평소 능력도 좋고 대인 관계도 원만했다. 특히 B 본부장이 A 부장을 상당히 높게 평가하여 찰떡궁합처럼 지냈다. 그런데 B 본부장이 갑자기 한 계열사로 발령이 나게 되었다. 새로운 본부장이 오면서 A 부장은 여러 가지로 스트레스를 받기 시작하였다. 결국은 1년을 고생하다가 A 부장은 과거 B 본부장의 계열 회사로 자리를 옮기게 되었다. A 부장은 계열 회사로 자리를 옮기게 되어서 회사 생활을 좀 더 유지할 수 있는 위치가 되었다. 하지만 대부분의 직장인들은 계열 회사가 없으면 퇴사할 수밖에 없는 처지가 되기 마련이다. 계열 회사가 많이 있을수록 자신이 나갈 수 있는 자리가 많다는 것을 명심하기 바란다.

나는
뛰는 회사원
회사 위에

05

회사에서 후퇴하지 않고
당당하게 일하는 법

남는 것은 자신의 브랜드다

내일 당장 그만두더라도 걱정하지 마라

80살까지 일할 수 있는 것을 만들어라

당신에게 주어진 시간은 많지 않다

불만족도 잠시 잠깐이다

안정된 마음이 곧 시작이다

미래를 꿈꾸는 자가 행복하다

남는 것은 자신의 브랜드다

자신의 브랜드 관리를
철저히 해라

　제품을 구매할 때 우리는 여러 가지 구매요인을 보고 구매하게 된다. 맛, 품질, 서비스, 편리성 등 다양한 구매요인이 있다. 직장 생활에서 자신의 가치는 어떤 요건으로 성립하게 될 것인지 고민해 보라. 결국은 자신이 해온 직무와 회사일 것이다. 이러한 브랜드를 관리하지 않고 소홀히 하면 자신의 가치는 무한정 떨어진다. 이직 경험이 많은 사람들을 살펴보면 대부분 점점 작은 회사로 이직하게 된다. 이 경우에는 자신의 브랜드가 점점 작아진다는 것을 명심해야 한다.

　직장 생활에서 이직은 자기 경쟁력이다. 어느 정도의 이직 경험은 직장 생활에 활력을 불어넣어 준다. 그러나 이직은 적절한 수준이 있다. 대리 사원급에서 1번, 과장급에서 1번, 부장급에서 1번 정도로 전체 직장 생활 중 3~4번 정도의 이직 경험이 가장 적절하다고 본다. 이직은 자신의 가치를 높이고 좀 더 나은 근무 환경에서 근무하는 노력이 수반된 활동이기 때문에 가치가 있다. 하지만 이직하는 사람들 중에는 자신의 가치를 낮추면서 이직하는 경우가 대다수다.

만약 대리급에서 자신이 다니는 직장보다 수준이 떨어지는 회사로 이직하게 되면 문제가 있다고 봐야 한다. 다만 회사의 규모가 작더라도 성장하거나 가능성이 있다면 성공적인 이직이라고 할 수 있겠다. 이런 경우가 아니고 현재 다니는 회사보다 더 비전이 떨어지고 낮아지는 측면의 회사로 이직한다면 자신의 브랜드 가치는 회복하기 힘들다는 것을 명심해야 한다. 이직에도 전략이 있다. 대리 이전까지는 어떻게든지 자신이 다니는 직장보다 더 높은 곳을 위해서 이직할 수 있는 전략을 구상해야 한다. 대리 이하에서는 더 높은 회사로의 이직이 가능하다. 대리 이하는 자신의 직무도 중요하지만 얼마나 노력을 하고 성장 가능성이 있는 사람인가를 평가하기 때문이다. 그래서 자신의 회사보다 조금 떨어지는 회사라고 해도 개인의 성장 가능성에 무게를 더 두기 때문에 선발될 가능성이 크다. 그래서 대리 이하는 자기 계발과 자기 노력을 철저히 해야 한다. 반면에 과장 이상이 되면 자신의 직무에 대한 초점으로 개인의 능력을 평가하기 때문에 자신이 다니는 직장보다 더 큰 회사로 옮기는 것은 쉽지가 않다. 다만 자신의 전문 분야에 대해서 알고 있고 특수한 분야라고 판단이 되면서 자신의 노력도 지속적으로 이어왔다면 미래 발전성을 더 높이 판단해서 선발할 수도 있다. 이 경우에는 자신의 전문적인 자격증이나 자기 계발의 노력들이 뒷받침되어야만 가능하다.

이런 경우를 제외하고는 대부분 직장 생활에서 이직은 지금 다니는 직장보다 낮은 곳으로 옮겨질 확률이 매우 높다. 회사라는 곳은 더 큰 곳에서의 경험을 중요하게 판단하기 때문이다. 결국 개인의 능력을 평가해 주는 시기는 대리 이하가 가장 많고 과장급의 경우에는 특수한 직무나 자격증을 취득한 사람에게 국한되어 있다는 점을 명심하기 바란다.

자신이 다니는 회사의 브랜드 가치가 곧 자신의 가치가 된다. 그렇기 때문에 자신의 이력 사항을 함부로 관리해서는 안 된다. 요즘은 능력만 있다면 부장급도 이직하는 경우가 상당히 많아졌다. 자신의 경력과 직무능력만 받쳐준다면 얼마든지 이직이 가능한 구조다.

내가 아는 한 IT회사 A 팀장은 누가 봐도 충분한 임원으로 회사에서 주축이 될 것으로 기대를 모았다. 하지만 팀장급으로 올라갈수록 일의 양은 더 많아지고 잦은 야근과 심리적 스트레스가 많아졌다. 결코 회사는 A 팀장이 회사를 떠나지는 못할 것이라고 단정했다. 하지만 A 팀장은 얼마 전에 경쟁 회사로 이직을 하고 말았다. 올해만 벌써 3명의 부장급이 타회사로 이직하게 된 것이다. 결국은 부장급 정도면 이직하지 못할 것이라는 생각이 잘못된 것이었다. 이 회사는 대대적으로 부장급 기살리기에 나서면서 회사의 문화를 바꾸고 있다.

이 회사뿐만 아니라 최근 들어서 기업들은 전문성으로 승부하기 시작하면서 부장급들의 스카우트 사례들이 많아지고 있다. 과거에는 전문성 있는 직무 중심으로 스카우트가 되었지만 요즘은 인사, 영업, 재무 등 다양한 분야로 고급 인재들의 스카우트가 벌어지고 있다. 특히 실무형 인재들의 간부 인사들이 많아지고 있는 것이 특징이다.

회사를 옮긴 부장급들의 특징은 대다수가 현재 자신의 직무에 대한 전문가로서 손색이 없을 정도로 전문성을 가지고 있다는 점이다. 그리고 폭넓은 대인 관계와 회사에 대해서 자신의 능력을 보상받고자 하는 심리가 강한 사람들이다. 대부분은 직장에서 부장 정도가 되면 나갈 수 없는 몸이라는 생각을 하지만 이직하는 부장급들은 자신의 가치를 틈틈이 올리면서 항상 예의주시하고 있다. 그리고 과거처럼 평생 회사에 다닌다는 생각을 가진 사람들은 없기 때문에 자신의 능력과 재능에 대해서 준비하는 사람들이 많아졌다는 것을 알아야 한다.

회사는 당신에게
관심을 두지 않는다

회사라는 조직은 수많은 사람들이 공존하는 곳이다. 일반적으로 직장인들이 착각하는 것 중에 한 가지는 내가 하는 것에 관심을 회사가 가져주지 않는다는 섭섭함이다. 하지만 이러한 생각은 조직을 이해하지 못하는 측면에서 오는 잘못된 생각이다. 회사는 당신 하나쯤 나가더라도 꿈쩍도 하지 않는다. 자신이 나가면 회사가 어려움에 처할 것이라는 착각은 흔하게 있는 일이다.

회사라는 곳은 전체를 놓고 평가하지 개인의 일상에 대해서는 관심을 두지 않는다. 아무리 능력이 뛰어나고 회사에서 필요로 하는 인재라도 회사에서 나가버리면 누구도 관심을 두지 않는다. 회사는 전체적인 조직을 운영하는 시스템으로 돌아가기 때문이다. 그렇지만 몇 가지 예외도 있다. 핵심적인 기술력을 가지고 있는 직원은 철저하게 회사에서 관리하고 있다. 자신도 모르게 회사는 이런 인재들은 관리하고 있고 철저하게 인사에 대해서는 관심을 가지고 있다는 것이다. 반면에 일반적인 직무를 담당하는 직원들은 섭섭하겠지만 절대로 회사를 나가도 관심을 두지 않는다. 오히려 나이가 들고 직급이 올라가게 되면 나가기를 바랄 수도 있다. 그래서 회사는 전문성 있는 직무를 담당해야만 오랫동안 회사에서 유지할 수 있는 기회가 주어지게 된다.

회사는 개인이 나가도 무관심할 수밖에 없다. 인력이 소규모인 중소기업의 경우에는 다르지만 대기업 체제에서는 인력의 이직에 대해서 크게 관심을 가질 여유가 없다. 시스템에 맞추어진 운영이기 때문에 사람이 퇴사를 한다고 해서 전혀 업무상 어려움이 없기 때문이다.

내일 당장 그만두더라도 걱정하지 마라

조직에서 과장과 부장은
차이가 없다

산업화 시대에 과장의 파워는 막강했다. 부하 직원 몇 명쯤은 두고 자신은 의사 결정만 했던 시절이 있었다. 불과 10여 년 전에는 분명히 그런 문화가 기업에는 있었다. 하지만 요즘 기업은 과장이라고 해서 그런 역할이 부여되지 못한다. 오히려 직무는 전문적인 측면에서 강화되었을지 몰라도 관리자의 마인드가 부여되지는 못한다. 많은 직장인들이 최근에 고민하는 부분이 바로 이 부분이다. 과장은 되었는데 별로 사원과 차이도 없고 큰 역할적인 측면에서 다를 게 없다고 생각이다. 과장하면 가장 회사에 열정을 다하는 직급이다.

하지만 요즘은 과장과 부장이라는 직급 간에 차이가 사실상 없어졌다. 과거의 연공서열 중심의 조직 체계가 성과와 능력 중심으로 완전히 바뀌었기 때문이다. 이제 과장은 과거에서 중간 관리자로서의 역할이 부여된 것이 아니라 성과가 좋으면 그 이상도 올라가는 것이고 성과가 낮으면 그 이하도 내려갈 수 있는 것이다. 과거처럼 무엇인가를 보장받는 시대는 끝난 지 오래다. 중요한 것은 과장뿐만 아니라 차장, 부장이라는 직급도 자신에게 부여된 보장성이 사라지고 능력이 없으면 과장보다 밀려나는 구조로 회사가 운영되고 있는 것이다.

능력과 성과를 부여하는 현재의 조직에서는 사실상 과장과 부장의 역할에 차이가 없다. 부장이 되어도 과장보다 실력과 능력이 떨어지면 뒤로 쳐지기 마련인 것이고 과장이라도 부장급보다 능력이 높다면 더 빨리 진급할 수 있는 기회가 마련되어 있기 때문이다.

회사를 나가는 순간
'을'이 된다

자영업자들이 요즘 매출이 부진해서 먹고 살기 힘들다는 말들을 많이 한다. 하지만 잘 되는 가게는 눈코 뜰 새 없이 바쁜 창업자들도 많다. 확률적으로 10집이 창업하면 1~2집 정도가 잘되는 편이고 그럭저럭 유지하는 경우가 대부분이다. 오히려 못하게 되면 직장생활 수준만큼도 되지 못하는 경우가 빈번하다.

창업이 성공하기 위해서는 창업자의 마인드다. 왜 창업을 생각하게 되었는지를 잘 판단해야 하는 대목이다. 정말로 오고 갈 데가 없어서 창업하게 되는 경우라도 그냥 막연하게 시작하지는 않았을 것이다. 과거부터 생각해 왔고 보고 듣고 해 온 것들이 있기 때문에 창업으로 이어지는 경우가 많다. 어느 날 갑자기 직장을 나와서 창업을 하지는 않는다. 만약에 그럴 경우라면 실패할 확률이 매우 높다. 창업을 하기 위해서는 자신이 창업시장에 뛰어들 자세가 되어 있는지 자신에게 몇 번이고 되물어 보아야 한다. 그러지 않고서는 창업은 희망 사항에 불과할 것이다. 만약 직장 생활을 해 온 당신이라면 직장에서 생각했던 일 처리 방식과 사고방식은 완전히 잊어버려야 한다. 과거 회사에서는 고객에 대한 대면이 그리 많지가 않다. 그리고 고객에게 서비스를 제공한다는 입장도 그리 많은 경험이 없을 것이다. 하지만 창업은 모든 것들이 다 고객이 된다. 그 고객을 대하는 가치에 따라서 창업의 성패가 좌우되는 중요한 관점이다. 고객에게 말 한마디 건네본 적이 없는 당신이라면 과연 창업시장에서 브랜드만 가지고 이어가기는 한계점이 보여질 것이다.

창업을 할 때는 고객을 대하는 자신의 서비스 정신이 어느 정도인가를 파악해야 한다. 회사를 나와서 창업을 하는 경우 대부분 난관에 경험하게 되는 경우가 태반이 고객을 대하는 태도이다. 회사에서는 고객을 자신의 일처럼 대하기는 쉽지가 않다. 대다수 직장인들은 고객에 대해서 정확하게 파악하지 못하는 경우가 많다. 고객에게 대하는 서비스 정신이 그만큼 많이 생겨나지 못하는 경우가 많다는 뜻이다. 회사에서는 고객을 대하는 측면도 하나의 프로세스의 일 처리 과정이라고 생각하기 때문이다.

하지만 창업시장에서는 세세한 것들까지도 고객이 무엇을 원하는지, 고객의 불만이 무엇인지를 파악하고 개선해야만 성장할 수가 있다. 짜증스러운 고객들까지도 모두 포용할 수 있는 자세가 있어야만 창업시장에서 살아남을 수가 있다. 고객들 중에는 모두가 착한 고객만 있을 거라는 생각을 버리기 바란다.

현실은
되풀이된다

삶을 살아가다 보면 어김없이 비슷한 시기에 동일한 일들이 발생하곤 한다. 젊었을 때 친구들이 갑작스럽게 연락이 오면 대부분 결혼한다는 것이다. 학창시절에 연락을 하곤 그 후로 몇 년간 연락이 없다가 갑자기 연락이 오는 경우는 대부분 결혼이다. 그리고 몇 년이 지난 뒤 다시 연락이 오면 아기 돌잔치를 한다는 것이다. 그리고 잠잠하다가 또 몇 년이 지나면 친구들 부모님의 죽음에 대한 연락 아니면 자녀들 결혼한다는 내용이다. 그리고 또 몇 년이 지나면 이제 친구들이 서서히 죽음을 맞이하여 연락이 오게 된다. 인생을 살면서의 희로애락은 누구나 똑같지는 않겠지만 대부분은 이런 연락들을 받게 될 것이다.

돈이 많건 적건 간에 세월의 변화를 우리는 우리 주위 사람들의 연락을 통해서 느끼게 된다. 세월의 힘은 어쩔 수가 없다.

일반적으로 20대 후반부터 30대 초반까지 취업을 한다. 20대 후반에서 20년간 직장 생활을 한다면 50살 전후가 된다. 50대 이후의 인생에 대해서 생각할 여유도 없을 것이다. 내가 아는 많은 사람들은 보통 40살이 넘게 되면 회사에서 나오거나 개인 사업을 하는 사람들이 많다. 대부분은 직장 생활에서 나올 수밖에 없는 환경에 처하게 된다. 회사 생활에서 임원이 되거나 승진을 보장받는 사람들을 제외하곤 생계형 사업을 위해서 뛰어야 하는 것이 현실이다. 누구나 그렇지만 회사 생활하다가 자영업이 꿈인 사람은 없을 것이다. 그러나 우리의 현실은 40살쯤 다가서게 되면 인생의 목표도 한풀 꺾이게 마련이다. 현실을 받아들이고 수용하게 되는 시기가 40살 전후가 되기 때문이다. 그래서 우리는 30대에 악착같이 자신의 경쟁력을 높이기 위해서 노력해야 하는 이유가 된다. 40살 이후 자신의 경쟁력은 오로지 30살 이후에 어떤 노력을 해왔느냐에 따라서 좌우되기 때문이다.

아무런 노력도 없이 40대를 맞이하면 직장 생활을 연명하는 것밖에는 안 된다. 그런 생활 속에서 스트레스가 많아지게 되고 자연스럽게 자영업으로 눈을 돌리게 되는 것이 현실이다. 당장 먹고살기 힘든 삶이라는 것이 눈에 들어오기 시작하면 남들 보는 눈에 대한 시선쯤은 상관하지 않는다. 우선 자신부터 살고 봐야 하기 때문이다.

대부분 직장인들은 30대에 지금 다니는 직장에서 자신을 알아주고 계속 고용해 주는 것으로 안다. 그리고 40살에 가까이 다가오면서 자신의 역할이 회사에서 요구하는 수준에 미치지 못하는 것을 알게 된다. 그리고 인맥을 활용해서 어떻게든지 자신은 살아남을 것이라는 노력을 하게 된다. 하지만 특별히 자신은 회사 말고는 대안책이 없기 때문에 죽어라고 노력하는 인생을 살게 된다. 30대에는 펑펑 놀다가 40대에 일에 미쳐서 삶을 지켜내려는 모습이다. 차라리 30대에 열심히 노력해서 자신의 가치를 올리고 40대에 조금 더 안정적이고 자신의 가치를 발전시킬 수 있는 역할을 찾는 것이 더 희망적일 수 있을 것이다.

하지만 인간이란 당장 자신이 처한 위기상황을 인식하지 못하기 때문에 당신은 내일부터 해고라는 말이 들리기 전까지는 대부분 수동적인 사람이 된다. 지금도 수많은 사람들이 회사를 천직으로 생각하다가 어느 날 해고통보를 받게 된다. 그러다가 며칠 간 고민한 후

생계형으로 창업시장에 들어가는 것이 현실이다.

필지가 이야기하고 싶은 것은 40대 창업하건 50대 창업하건 일단 창업을 하면 새로운 마음으로 시작하면 된다. 이것저것 눈치 보지 말고 오직 자신을 위한 노력과 열정을 다하면 나이는 상관없다. 자영업을 하면서까지 어쩔 수 없이 하는 신세로 전락하지 말라는 뜻이다. 오래전부터 계획을 세우고 자영업의 목표를 분명하게 세워야만 나름대로 성공할 수 있는 것이지 억지로 할 것이 없다는 생각으로 하게 되면 그 역시 제대로 될 리가 없다.

어느 정도 넉넉하게 자금이 있다면 굳이 창업을 하지 않아도 될 것이다. 하지만 대부분은 회사 생활을 그만두는 순간 고정적으로 빠져나가는 비용 때문에 어쩔 수 없이 다른 무엇인가를 해야만 하는 상태가 태반이다. 우리가 지나가는 이 시간 속의 현상들은 되풀이되는 것이 분명하다. 우리 시대 윗 선배들이 그랬고 미래에도 그럴 것이다. 중요한 것은 앞으로 더욱더 그 주기가 빨라질 것이고 미래에 노년에 삶의 철학이 더 중요하게 다가설 것이다.

80살까지 일할 수 있는 것을 만들어라

회사의 돈은 절대로
규정 이외 사용하지 말라

과거 직장인들은 주요 보직에 따라서 법인카드를 특별히 지급받았다. 하지만 요즘은 기업들이 전직원들에게 법인카드 지급을 의무로 하고 있고 비용처리에 대해서도 투명성을 제고하고 있다. 회사 대부분의 경비 사용을 법인카드로 처리하기 때문에 사실상 과거처럼 불명확한 비용처리가 사라지고 있다. 하지만 아직도 법인카드 사용을 개인의 사적용도로 생각하여 사용하는 사례들이 적지 않게 나타나고 있다.

법인카드의 불명확한 내용에 대해서 회사에서는 감사팀이 항상 파악하고 있다는 점을 인식하기 바란다. 사용자에게 통보만 하지 않을 뿐이지 회사 내부 감사팀에서는 법인카드 사용의 출처와 내용 등에 대해서 세부적으로 알고 있다. 그렇기 때문에 불명확하게 사용되어 넘어갔다고 해도 이미 회사는 당신을 예의주시하고 있다는 점을 명심하기 바란다.

법인카드를 자기 카드처럼 오인해서 사용하다 보면 잘못된 사용으로 곤욕을 치르는 경우가 종종 있다. 과거에는 회사가 커지면서 비용처리에 대한 절차도 투명하지 않은 경우가 많았다. 이런 습관들로 과거에 일하던 많은 사람들은 아직도 법인카드를 다른 용도로 사용하는 사례들이 많은데 작은 것들로 인해서 개인의 이미지가 실추되지 않도록 법인카드 사용에 각별히 유의해야 한다.

회사에서 개인의 감사는 법인카드와 회계처리 측면으로 국한되는 것들이 많다. 특히 업무상 개인의 의도와는 달리 상사나 동료들에 의한 법인카드 사용의 압력으로 정상적이지 못한 곳에서 사용하는 사례가 있기 때문에 이럴 경우 조직 내에서 상당히 어려울 수가 있다. 하지만 이럴 경우 자칫 자신에게 돌아오는 불명예스러운 일들이 발생될 수 있다는 사실을 명심하고 자신에게 손해 보는 일이 없도록 철저하게 관리해 나가야 한다.

특히 상위직급으로 올라갈수록 법인카드에 대한 관리를 철저히 해야 한다. 상위직급은 법인카드를 자칫 잘못 사용하게 될 경우 더 엄중한 책임을 묻기 때문에 관리자일수록 더 조심해야 한다. 회사 생활을 하다 보면 애매모호한 것들을 회사비용으로 처리하는 경우가 종종 발생하게 되는데 꼬리가 너무 길면 잡히기 마련이다.

내 돈이 아닌 것은 절대로 손대지 않는다는 생각으로 비용관리에서는 투명하게 관리해라. 개인에 관련된 문책은 항상 법인카드의 사용 내역에서부터 시작한다는 점을 잊지 말자.

일할 수 있을 때를
부러워해라

내가 아는 A 씨는 대기업에서 과장으로 근무하고 있다. 더 이상 승진도 어렵다고 판단되고 회사에 나와서 다른 것을 하고 싶다는 푸념을 많이 한다. 너무 바쁘다 보니 정말로 일에 대한 싫증이 너무 난다는 것이다. 우리는 회사에서 주는 급여라는 것은 정말 적당한 수준에서 주는 것을 인지해야 한다. 임금 수준과 일의 수준에 대해서 어느 정도 감안해서 급여라는 것이 성립되는 것이다. 시장에서 가격이라는 측면도 공급과 수요가 만나는 가장 최상의 위치에서 가격이 결정되지 않는가?

직원의 급여 수준도 여러 가지 요소가 결정되어 지급하는 것이지만 넘치지 않도록 조절하면서 성립되는 것이 일반적이다. 그렇기 때문에 어느 회사건 자신이 하는 일에 대해서 급여를 받는 것이 부족하다고 느낄 수 있지만 회사 입장에서는 적당한 수준이라고 판단할 수밖에 없다. 그리고 회사는 개인이 그 역할을 못하면 다른 누군가 할 수 있다는 생각을 하기 때문에 개인이 회사를 나가는 것에 대해서 크게 생각하지 않는다.

대기업일수록 사원이 회사를 들어오고 나가고 하는 그런 일반적인 내용쯤에는 관심이 없다. 오로지 자신이 승진하고 앞서 나가기 위한 전략만이 머릿속에 그려져 있을 것이다. 그리고 사람이 나가는 것에 대해서 진정으로 위로해서 안타깝다기보다는 자신의 책임에 대한 문제가 있을지 모르기 때문에 말려도 말리는 경우가 태반이라는 점을 명심하기 바란다.

조직에서 정말 바쁘기 때문에 회사를 그만둔다는 것은 다시 생각하기 바란다. 정말로 회사는 사원이 그만두도록 만들지는 않는다. 그 수준에 맞는 적당한 급여를 주는 것이지 자신의 일이 많다는 생각을 너무 깊숙하게 하면 자신만 불행하기 때문에 그런 생각은 하지 않는 것이 좋다. 노년이 되면 회사를 다니고 싶어도 다닐 수 없는 많은 사람들이 있다. 그보다 자신과 같은 나이 또래 회사를 나와서 방황하는 사람들의 이야기를 들어보면 확실히 알 수 있다. 시간은 엄청나게 남아도는데 할 일이 없어서 무료하다는 이야기가 태반이다. 막상 회사를 나오거나 일이 없으면 즐거울 것 같지만 그렇지가 않다.

사람은 사회적 동물이다. 사회 속에서 어울리고 생각하고 창조되어야만 사람의 능력을 발휘하며 살 수가 있다. 만약 혼자만 떨어져서 산다면 사람은 즐거움을 느끼는 횟수가 줄어들게 된다. 특히 노년으로 갈수록 일이 없기 때문에 사람과 만나는 횟수도 줄고 시간의 활용이 제대로 되지가 않는다. 정말로 일을 하고 싶어도 할 수 없는 사람들이 많다는 것을 알게 된다면 자신이 지금 조금 피곤하더라도 참고 견딜 수가 있다. 사람은 누구나 일을 할 때 행복한 것이다.

가장 어리석은 직장인이
되지 마라

남자들의 경우 대부분 직장에서 성공한 사람들은 대기업에서 최고 경영자(CEO)가 되거나 임원이 되는 경우다. 이런 사회적인 성공은 아무에게나 찾아오지 않는다. 철저하게 자신을 통제하고 관리한 달인들에게나 찾아온다. 수십 년간 자신의 성공을 위해서 노력하고 일하는 사람들에게 찾아오는 선물일 것이다. 그런 선물 뒤에는 잃은 것도 많다는 것을 알아야 한다. 대부분 성공한 사람들이 돌아서서 후회되는 것이 있다고 이야기하는데 그중에 한 가지는 가정을 포기했던 것들이라고 한다. 막상 CEO가 되고 최고 관리자의 위치에 올라왔지만 그것이 '인생에서 다가 아니구나'라는 것을 깨닫는 경우가 많다고 한다.

정말로 최선을 다해서 노력해서 최고 관리자의 위치에 올랐지만 결국은 자신이 가정을 포기하고 일에만 목숨을 바쳐서 살아온 인생이 과연 잘된 인생이라는 생각이 너무도 많다는 것이다. 그래서 많은 성공한 관리자들은 다시 과거로 돌아가면 가정생활에 정말로 충실하고 그 성공보다는 지나간 세월을 되돌릴 수 없었던 그 시간들을 행복으로 여기는 가치를 찾고 싶다고 이야기한다. 가정생활 자체는 거의 포기했다시피 해서 올라간 자리이기 때문이다. 애들과 즐겁게 놀아 주고, 와이프와 쇼핑하고, 가정사에 일일이 참석하는 것조차 기대할 수 없다. 주말도 회사에 나가서 일하고 회사일이라면 누구보다도 최일선으로 일해야만 얻을 수 있는 자리이기 때문이다.

당연히 회사에서는 성공하기 위해서 가정을 포기해야 한다. 이 사실을 당연하게 받아들여야 되고 내조자 없이는 회사에서 성과를 올리기가 쉽지가 않다. 자신이 만약에 최고 경영자나 최고 관리자가 되겠다고 다짐한다면 가정은 포기해야 한다는 조건을 잊지 말아야 한다.

필자는 가장 어리석은 사람은 회사에서도 어중간하게 능력도 발휘 못 하고 회사 일에 매달려서 가정을 희생으로 보는 이들이다. 회사 생활에서 일도 아니고 가정도 아니고 그런 모양은 차라리 한쪽을 택해서 자신의 주관을 명확하게 하는 것이 노후에 후회하지 않는 길이 될 것이다.

직장 생활을 한다면 이것을 분명히 인식하기 바란다. 가정에 희생을 하겠다고 생각한다면 회사보다는 가정에 시간을 쏟기 바란다. 명예쯤은 포기하고 가정을 위해서 헌신하겠다는 생각을 가진다면 차라리 가정을 위해서 가족과 행복하게 지내고 아이들과 놀아 주는 시간을 많이 가져주기 바란다. 절대로 어중간한 직장 생활을 통해서 일도 가정도 모두 망치는 일이 없기를 바란다. 확실하게 자신의 직장관을 가져야 될 이유이다.

회사는 성과와 경쟁을
좋아한다

착하고 순진한 사람들은 회사에서 성공할 확률이 낮다. 이 말이 뜻하는 것은 직장 생활을 해 본 사람이라면 공감할 것이다. 회사라는 곳은 경쟁 관계의 연속이고 누군가를 이기고 올라가야만 자신이 성장하게 되는 곳이다. 누구나 다 같은 팀장이 될 수도 없고 누구나 다 같이 임원이 될 수도 없다.

만약에 모든 사람이 공평한 대우를 받고 일을 적게 하건 많게 하건 성과가 높건 낮건 간에 보상이 동일하다면 누구도 열심히 일하려고 하지 않을 것이다. 공평이라는 것은 공정한 기회가 제공되는 것을 뜻하는 것이지 자신의 역할에 대한 결과가 과정과 상관없이 모두

동일하게 적용된다면 성과 지향적인 회사라고 볼 수가 없다.

성과 지향적인 회사는 경쟁 관계를 상당히 중요한 관리적 요소로 두고 있다. 앞서나가는 회사들은 단기간에 더 높은 성과를 올리기 위해서 여러 가지 성과 지향적 시스템을 도입하고 있다. 그중에서 한 가지는 높은 이익 실현이 되면 그에 맞는 이익을 차등적으로 보상해 주는 성과보상제도와 경쟁에서 지게 되면 보상이 적은 성과형 인력 시스템이다.

이런 측면이라면 누가 봐도 살벌한 직장 생활이라고 생각할 것이다. 그러나 이러한 시스템에 익숙해져 가는 대기업 직원들은 자연스럽게 받아들이고 있다. 오히려 더 이러한 시스템에 대해서 호응하는 분위기가 많다. 회사 입장에서도 수백 명 수천 명의 직원들을 관리해야 된다면 누구나 똑같은 보상 시스템으로 운영해서는 성과가 제대로 나올 리가 없다. 당연히 능력 있는 사람들에게는 더 큰 보상을 하고 능력이 없는 사람들에게는 보상을 약하게 하여 더 큰 성과적 조직으로 변하게 만드는 것이 회사의 발전에 도움이 되기 때문이다.

이런 회사의 시스템과 문화 때문에 조직 내 문화가 다소 위축되거나 개인주의 문화로 변해가는 기업들도 많다. 당연히 경쟁 문화가 자연스럽게 흘러들어 가기 때문에 동료 간에 또는 상사 간에 업무적 측면 이외에 관계가 별로 없게 된다.

좋은 대학을 나오고 똑똑하다고 하면 대기업에 입사하려고 하겠지만 대기업 인사 담당자들은 똑똑한 사람들만 선호하지 않는다. 입사 후에 이런 성과주의 문화를 받아들이지 못하고 중도에 퇴직하는 신입 사원들이 상당수 발생하기 때문이다. 처음 신입 사원으로 입사하게 되면 조직 적응이 쉽지 않은 것이 사실이다. 선배들의 적절한 멘토 역할이 필요하지만 경쟁 관계에서는 쉽게 멘토의 역할이 나오기 어려운 부분도 많다. 그리고 실질적인 조직문화는 변하지 않으면서 일정 기간 적응만 되기를 바라는 회사의 입장도 답답한 측면이 많다.

필자는 젊은 사람들에게 조직에 대해서 명확하게 이해하고 접근하라고 말하고 싶다.

회사 생활이라는 것이 우리가 생각하는 것만큼 자신의 역량을 쉽게 발휘할 수 있는 곳이 아니다. 조직 생활이란 인내와 조직을 이해하는 탁월한 능력이 있어야만 성장할 수 있다. 능력만 믿고 조직관계를 소홀히 하게 되면 직급이 올라가면 올라갈수록 자신의 역할은 줄어들게 된다. 조직이라는 곳은 자신보다도 남들의 관계에 의해서 평가되기 때문이다.

당신은 50대에
무엇을 하려고 합니까?

인생에서 30대에는 정말 열심히 일해야 한다. 30대 얼마나 열정을 쏟느냐에 따라서 40대가 결정된다. 그리고 40대 확고하게 자신의 위치를 만들면 50대에 새로운 비전이 찾아오게 된다. 50대 직장을 다니는 건 사실상 요즘은 불가능한 측면이 많다. 30~40대도 넘쳐나는데 50대가 되려면 정말로 고도의 자기 기술력이 있어야 한다.

도전하고 또 새로운 것들을 추구해야만 인간은 발전한다. 가만히 자신의 영역에 대해서 고민해 보자. 내가 하고자 하는 일들이 과연 미래지향적인 것들인가? 그리고 내가 지금 하는 일의 발전 가능성은 얼마나 되는 것일까? 지금 자신이 누리고 있는 위치는 한순간에 사라질 가능성이 크다. 자신만만해할 이유도 없다. 그리고 남을 무시할 수도 없는 입장이 될 가능성이 크다. 그렇다. 우리는 모든 것들이 한순간에 이루어질 수 있는 불안한 사회에 살고 있다.

회사에 처음 발령을 받아서 근무하면서부터 우리는 퇴직이라는 시점을 어찌 보면 항상 염두하고 살아왔다. 그리고 그 끝이 과연 어떤 결론이 날 것인가 기대하면서 일해 왔다. 50살이 넘게 되면 직장에서는 존재하기가 매우 어려워진다. 존재를 하더라도 임원이 되지 못하는 한계에서는 회사를 나올 수밖에 없다. 그 뒤에 당신은 과연 무엇을 할 것인가? 생각해 보면 답답할 수도 있겠지만 30대나 40대에 미리 준비해 두는 인생이라면 50대를 그저 시간만 보내는 퇴직자로 보내지는 않을 것이다. 50살이 돼서도 우리는 새로운 도전을 해야 되고 비전을 꿈꿔야 한다. 항상 마음을 설레게 하는 것들은 나이와는 상관없는 것들이기 때문이다. 좌절할 이유도 없고 남과 비교할 이유도 없다. 열심히 목적의식을 가지고 50살을 위해서 돌진하면 된다. 그렇게 되면 50살에 무엇인가 자신이 하고 있는 일에 대해서 가치를 느낄 것이다. 미리부터 고민하지 말고 자신이 지금 하고 있는 일에 대해서 보람을 느끼고 준비하는 자세를 가져야 한다.

그래서 우리는 미래에 대해서 준비를 해야 된다는 것을 알아야 한다. 최소한 미래 일이 없어졌을 때 무엇을 믿고 살아갈 것인가를 고민하라는 것이다. '그냥 괜찮겠지'가 아니라 미래에 당장 자신이 무슨 일을 하고 지낼 것인지 판단해 보라.

당신에게 주어진 시간은 많지 않다

훗날 상사와 만나도
어색하지 않을 만큼만 대해라

회사 생활을 하다 보면 사람 간에 갈등관계로 힘들어하는 경우가 많다. 회사 생활은 입사부터 퇴사까지 사람 문제로 스트레스를 안 받는 경우가 없을 것이다. 사람 간의 갈등이 없다면 그것은 정말로 정형화된 시스템 조직이라서 재미가 없을 법하다. 직원 간에 의견을 많이 수렴해야 되는 전략 조직들은 상호 존중하는 문화가 우선시 되어야 한다. 개인의 철저한 성과로 움직이는 조직들은 직원 간에 스트레스는 덜하지만 업무상 성과에 대한 스트레스가 매우 높다.

개인의 성향에 맞는 업이 선택되면 좋겠지만 그렇지 못하기 때문에 어느 정도 스트레스는 예견해야 할 것이다. 그중에서 직장인들을 가장 괴롭히는 스트레스는 사람 간에 풀리지 않는 스트레스들이다.

신입 사원이 가장 많이 느끼는 것 중에 하나가 상사와의 관계에서 나오는 불만들이다. 상사의 지시에 긴장하고 있어야 되는 신입 사원은 항상 자신의 역할에 불만이 가득하다. 처음 직장 생활을 시작하면 어느 것 하나 맘대로 할 수 없는 나약한 존재감을 느끼게 된다.

신입 사원 때는 스트레스를 피하려고 하지 말고 즐기는 여유를 가지기 바란다. 상사와의 갈등관계도 마찬가지로 어떻게 하면 해결할 수 있을지 보다 자신 있게 하고 싶은 말은 하고 상사와 싸울 수 있는 각오를 가져야만 극복될 수 있다. 싸운다는 것이 상사와 서로 말다툼을 벌이는 일종의 관계를 전략적으로도 활용해야 한다는 것이다. 그리고 자신 있게 아무렇지도 않다는 듯이 뻔뻔한 감도 가질 수 있는 자신감을 가져야 한다. 과연 신입 사원이 할 수 있을까? 사람 간의 관계는 항상 기대하지 못한 것들의 모습 속에서 각인이 되는 것이다.

그렇다고 아무렇지도 않은 상태에서 돌발 행위를 하면 곤란하고 자신이 어느 정도 괴롭힘을 당하거나 스트레스를 당하고 있다면 전략적으로 자신의 본색을 드러내라는 것이다.

전혀 새로운 예상하지 못한 행동들로 하여금 지속적으로 각인시키도록 만들어 나가는 것이 인간관계에서는 중요한 전략적 해결방안이다. 만약 당신이 젊은 나이에 속하는 부하 직원이라면 화내는 방법을 전략적으로 활용해야만 성장하는 데 있어서 오히려 벙어리 측면보다 도움이 될 것이다.

우리는 늘 자신감 없이 시키는 일, 어려운 일을 하곤 하는데 어느 때가 되면 자신의 모습을 과감히 드러내고 능숙하게 상사를 다루는 방법을 터득해야 한다. 다만, 당신은 다른 사람들에게 오해가 가지 않도록 적극적인 배려심을 보여줘야만 한다. 평상시에도 늘 화만 내는 사람으로 낙인찍히면 당신은 절대 화내서 이득 볼 일이 없을 것이다. 내가 말하는 화라는 것은 당신이 이미 다른 사람들에게 좋은 이미지로 각인되어 있는 상태라는 전제로 말한 것이다.

사람 간의 관계에서 가장 중요한 것은 배려심이다. 직장은 자신이 일을 하기 이전에 자신의 모습을 반영하는 자아의 장이다. 회사라는 공간에서 업무적인 일로 서로 다툼이 발생되는 경우가 너무도 많다. 회사를 벗어나게 되면 사실 우리가 다툴만한 이유는 없다. 막강한 권한도 막상 회사를 벗어나면 무용지물이 된다. 사람들이 착각하는 것 중에 한 가지는 지금의 위치가 영원할 것이라는 생각이다.

회사처럼 지위를 따지고 권한을 따지는 곳이 없다. 하지만 회사를 거쳐 간 선배들이 그랬고 대다수 회사를 나온 사람들이 그렇다. 회사에서 있을 때 이긴 것처럼 보이지만 영원한 것은 진정으로 없다는 것을 깨닫게 될 때 비로소 배려심이 생기고 상대방을 존중하는 마인드가 생긴다는 것이다. 우리가 알고 있는 지식은 닫힌 지식으로 세상 밖의 지식에 비하면 1%도 안 되는 작은 수준에 불과하다.

모든 일들은 사람 간의 관계로 이루어진다. 배려는 결국은 참기 힘든 인내에서부터 나온다. 그 인내심을 길러야만 비로소 자신을 이해하고 더 큰 것들을 생각하게 만든다.

하지만 마음에 들지 않는 타인의 잘못된 모습을 이해하면서 배려를 찾기란 누구든 쉬운 것이 아니다. 무한한 배려는 오히려 자신감이 결여된 것으로 느껴지기 때문에 좋지는 않을 것이다. 자신의 감정을 컨트롤 할 수 있는 사람은 그만큼 판단 능력이 뛰어나다.

무슨 일이든
10번 이상 도전해라

세상에서 가장 어리석은 사람은 1번의 실패로 모든 것들이 안 된다고 판단하는 사람이다. 자신의 위치에서 성공에 오른 대다수 사람들은 대부분은 한 번에 좋은 결과를 얻은 사람들이 아니다. 죽도록 도전하고 뛰어다닌 사람들이다. 그리고 같은 것을 몇 번씩 반복해서 얻어낸 사람들이다.

요즘 젊은 사람들은 10번이라는 의미에 별로 관심을 두려고 하지 않는다. 한 번 시도해서 안 되면 안 되는 것이라는 단정을 하고 빨리 다른 것을 찾는 것이 지름길이라고 믿기 때문이다. 물론 도전해서 안 되면 다른 것을 찾는 것은 현명한 방법일 것이다. 무모한 도전은 불필요한 시간을 낭비할 수도 있다. 하지만 도전다운 도전은 자신에게 참다운 것들을 알려준다. 실패를 해서 비록 좌절할지라도 도전의 의미에서 새로운 것을 느낄 수가 있다. 자신이 강하게 노력해 보고 도전해 본 것들이 인생을 살면서 몇 번이나 될까?

젊었을 때 무수한 도전은 삶을 건강하게 만들어 준다. 그 건강한 삶을 피한다면 더 큰 시련이 왔을 때 감당하기가 어려워진다. 살면서 고난은 필연처럼 찾아온다. 우리가 보이는 성공의 결과는 그 뒤에 수많은 시련과 고통을 감내해서 이룬 것들이라는 것을 알자. 그래서 그 기다림 뒤의 성공은 더욱 값진 것이다.

우리 자신은 지금까지 되는 것만 쫓아다니면서 살아온 존재다. 안 되는 것은 생각조차 해 보지 않았다. 되는 것만 쫓아서 오다 보니 쉬운 길을 더 좋아하게 마련이다.

겉모습이 화려해 보일지라도 그 뒤에는 수많은 땀과 노력이 있는 것이다. 같은 것들을 10번씩 반복해 보라. 어떠한 결과물이 나올 것이다. 안 되는 것에 무조건 목숨을 걸 필요는 없다. 다만, 자신이 자신감이 있다면 몇 번이라도 도전해야 한다. 유명한 방송국에 아나운서들은 몇 번의 실패 끝에 붙은 사람들이 대부분이다. 단 한 번의 노력으로 '나는 안 된다'는 생각으로 시작한 사람들이 아니다.

당신도 그만큼의 열정과 끈기가 자신에게 있는지 판단해 보라. 너무 쉽게 자신이 계획한 일들에 대해서 포기했는지 살펴봐라. 그리고 자신이 해야 될 일에 대해서도 평가해 보라. 자신에게 중요한 것들이 무엇인지 살펴보고 또 점검해 보기 바란다.

불만족도 잠시 잠깐이다

경쟁력을 갖추고
이직해라

회사에 다니다 보면 이직하는 사람들을 쉽게 만날 수 있다. 이직을 하는 목적이 분명하게 있겠지만 어찌 되건 회사를 떠나는 동료들을 보면 한편으로는 부럽기도 하고 한편으로는 안타깝지도 할 것이다.

회사라는 곳은 자신의 경력개발을 위해서 이직하는 목적으로 활용하는 것이 가장 합리적이다. 대부분은 연봉과 사람 문제 등으로 이직을 하곤 하는데 이런 문제로 회사를 떠나면 다른 곳에서도 마찬가지 문제가 필히 발생된다. 또한 연봉이라는 것도 처음에 많이 받고 들어가더라도 요즘은 대부분 성과에 따른 연봉이 책정되기 때문에 의미가 별로 없다.

이직을 하려면 지금의 문제가 5년 후에도 해결이 안 되는 경우에 고민을 해라. 이직은 분명하게 경력 관리 측면에서 옮기는 것이 현명하고 다른 여타의 문제라면 신중하게 고려해야 한다.

이직은 매우 신중하게 접근해야 한다. 대다수 사람들이 이직 후에 힘들어하는 이유 중에 한 가지는 회사를 옮겨서 적응하지 못하는 어려움이다. 그래서 다시 원래의 직장으로 돌아가는 사람들도 꽤 많다. 당신이 만약에 이직을 하게 된다면 이직 전의 직장이 매우 그리울 것이다.

직장에서는 일 잘하는 사람들은 대다수 이직을 할 때 말리곤 한다. 당연히 일 잘하는 부하 직원이 떠나는 것에 대해서 좋아할 리가 없다. 직장을 떠날 때는 자신이 뭔가 성과를 보여 주고 그것이 입증되었을 때 떠나는 것이다. 가능하면 최고의 업적을 올린 뒤 이직을 하는 것이 현명하다. 그래야만 어려움에 처했을 때 도움을 받을 수가 있다. 이직한 후 대다수 사람들은 기존에 있던 사람들에게 어렵다고 호소하여 다시 받아줄 수 없느냐는 의사를 표명하곤 한다. 그런데 그런 의사표명은 오히려 자신에게 마이너스만 제공된다. 그저 그런 역할을 했던 사람이 회사를 떠났을 때는 언제고 다시 돌아온다면 받아주겠는가?

일 잘하는 사람들과 일 못하는 사람들은 여러 가지 측면에서 차이가 난다. 일 잘하는 사람들은 회사에서 어떻게든지 활용하려고 한다. 그래서 회사를 떠나더라도 사람 관계만큼은 항상 잘 유지해야 한다. 일만 잘한다고 모든 것이 능사가 아니다. 또한 회사를 옮겼을 때 자신이 전 직장에서 올린 성과들의 자만으로 옮긴 회사에서는 인정을 못 받을 때가 많다. 이 경우에는 자신의 능력을 인정해 준 직장에서 다시 일하고 싶은 욕구가 강하게 드는 것이다. 그래서 일 잘하는 사람들은 오히려 회사에서 적응하기가 매우 어렵다.

인정받는 사람들이 이직을 하게 될 경우 오히려 더 어렵다는 것을 명심하고 지금의 조직 내에서 어떻게든지 돌파구를 찾을 수 있도록 노력하기 바란다.

회사와 직원은
계약관계일 뿐이다

10년 이상 직장에 머물러 있던 사람들은 서서히 회사에서 안정권에 접어들고 있어야 한다. 직급으로도 과장 이상이 되면 회사에서 바라보는 관점도 다르다. 능력이 검증되었다면 관리자로 올라서게 되기 때문에 무엇보다도 직장 생활의 목표점이 분명해진다. 그렇지만 10년 이상 직장 생활을 계속하더라도 조직에서 크지 못한다는 생각이 강하다면 다른 길을 모색해야 한다.

직장에서의 길은 정해져 있다. 로또 복권처럼 행운을 바라기에는 어렵다. 회사는 이미 같이 가야 할 사람에 대해서 정해 놓고 있다. 그것이 한순간에 바뀌기도 어렵다. 수년 동안 쌓아 온 신뢰와 성과로 검증되기 때문이다.

어느 정도 성과를 올리면 차장과 부장까지는 승진이 비교적 수월한 경우가 많다. 그런데 부장으로 승진하지 못하는 차장의 경우에는 조직 내에서 오래 버티지 못한다. 이 경우에는 자신이 언제까지 직장 생활을 해야 할지를 판단해야 한다. 회사 내에서 승진을 못할 경우에는 여러 가지 조치들이 회사에서는 실행된다. 회사에서 구조조정이나 정리 해고 수준까지도 갈 수 있다.

그런데 조직에서는 뜻대로 되지 않더라도 서두를 필요는 없다. 성급하게 자신의 의사를 표명하게 될 경우 불이익이 올 수도 있다. 자신이 가야 될 길은 천천히 고민하고 심사숙고해야 한다. 자신이 가야 될 길을 정하는 것에는 인내력이 필요하다.

회사는 특정 개인에게 이익을 주려고 하지 않는다. 회사는 규정대로 움직인다. 그래서 회사에게 개인의 사정을 요구할 필요가 없다. 회사와 근로계약관계에 있는 직원은 계약관계를 벗어날 수 없다. 그래서 회사와 직원 간에는 어떠한 사적인 관계가 성립되지 못한다.

개인이 회사에 대해서 불합리한 것들을 요구하면 회사는 당장 계약관계로 일을 처리할 수밖에 없다.

회사가 때로는 불합리한 것을 요구하면 직원은 수용할 수밖에 없다. 그것을 수용하지 못할 경우에는 법적인 절차로 해결된다. 하지만 회사에서는 법적인 조치가 개인에게 들어가면 이미 조직에서 살아남기란 어렵게 된다. 회사가 직원을 버리기 전에 회사가 버리지 못하도록 만드는 지혜가 필요하다.

안정된 마음이 곧 시작이다

정서 지능을
높여라

회사의 인재 기준은 학력, 경력, 두뇌였었다. 하지만 최근에는 인재의 기준이 달라지고 있다. 바로 정서 지능이라는 것이 대두되면서 그 중요성이 높아지고 있다.

콜롬비아대학에서는 환자의 심정을 이해하는 수업을 의무적으로 듣도록 하고 있다. 환자의 입장에서 병을 치료하는 것이 중요하다는 목적이 있기 때문이다. 스포츠에서도 정서라는 것이 빠질 수가 없다. 승패라는 것이 따르기 때문이다. 잘하기 위해서 스트레스에 빠지곤 하는데 정서상 감정을 조절하지 못하면 여러 가지로 어려움에 처하게 된다. 일반적으로 신체적 조건이나 능력은 비슷하다고 본다.

하지만 경기에서 메달을 따는 것은 정서를 얼마나 조절하느냐에 달려 있다는 것이다. 스포츠 스타들의 성공 비결은 정서 지능에 따라서 달라진다는 것이다.

정서 지능은 능력을 발휘하는 잠재력을 가지고 있다. 자신과 타인의 정서를 활용하여 자신이 가지고 있는 능력을 활용하고 타인에게 정서를 잘 맞추도록 노력하는 것에서 성과를 도출할 수가 있다.

최근 들어서 인재를 창출하는 조직에서 정서에 대한 관심도가 증가되고 있다. 정서를 잘 다룬다는 것은 타인에게 요구하는 것, 타인에 대한 감정을 이해하는 것을 그만큼 잘하는 것을 의미한다.

사람의 마음을 움직이는 리더는 정서지수가 높은 리더다. 리더십은 조직을 하나로 만드는 사람들이다. 리더의 역량이 뛰어나더라도 조직이 하나가 되지 못하면 진정한 리더가 아니다. 정서 지능은 리더에게 가장 필요한 덕목이다. 사람의 마음을 움직이는 것은 결국은 이 시대 직장인들이 필요로 하는 가장 경쟁력 있는 능력이다. 요즘은 개인이 한 분야에서만 잘해서는 능력을 발휘하기가 어렵다. 정서 지능이 높은 사람들은 여러 사람들과 어울려서 좋은 성과물들을 올린다. 직장 내에서도 마찬가지로 정서 능력이 뛰어난 사람들이 여러 가지 유기적인 사람들의 관계 속에서 성과가 도출된다.

남들이 볼 때 유독 정서적으로 뛰어난 사람들이 있다. 그들의 특징은 대부분 남들이 함께하고 싶은 맘을 가지고 있다는 것이다.

회사에서도
미래의 자신을 준비하라

직장의 수명이 짧다는 것은 누구나 다 아는 사실이다. 실제로 내 일처럼 느껴지지 않을 뿐이지 점점 직장인의 수명은 짧아지고 있다. 회사의 능력 있는 30대 임원이 즐비하게 늘어나고 있다. 직장에서도 치열한 경쟁을 넘어서 성과를 보여 주지 못하면 보장받지 못하는 시대가 된 지 오래된다. 직장은 우리에게는 보금자리 같은 곳이다. 하지만 자신의 경쟁력이 없어지는 순간부터 직장은 보금자리로 생각하지 못한다. 일을 해서 성과를 높이길 원하지, 월급만 타가는 사람으로 인식하지 않는다.

회사에서 오랫동안 일하는 사람들은 대다수 다른 것에 대해서는 포기했기 때문이다. 마흔을 넘은 뒤에 회사를 나오게 되면 더 이상 자신이 해야 될 것들이 보이지 않는다. 기껏해야 프랜차이즈나 자영업이다. 그런 생활이 직장 생활에서 해 보지 않은 것들이라서 쉽지가 않다. 치열한 서른, 마흔을 지나서 나중에 자신의 가치점이 낮아진 것을 보게 되면 더 이상 일할 의욕이 생기지 않는 경우도 많다.

가장 열정이 넘치고 생각이 활발한 나이가 서른과 마흔이다. 이 시기에 자신이 가야 될 길을 명확하게 정해야 한다. 그러나 그 길이 쉽지는 않다. 직장 생활하면서 안정되게 급여를 타 먹는 생활에 익숙해져 있다면 더더욱 자신의 미래에 대해서 준비할 시간적 여유가 없게 된다. 그리고 그런 노력을 할 필요성을 느끼지 못한다. 직장에서 성공이 어찌 되었건 자신의 최고 목표점으로 생각하기 때문이다. 그런데 그 목표가 어느 순간 무너져 버릴 경우에는 아무것도 하지 못하는 상태가 된다는 것이다. 그래서 항상 미리 자신의 전문성을 위해서 준비해 나가야 한다. 자격증을 취득하기 위해서 공부를 한다든지, 아니면 자신이 회사를 그만두었을 때 무엇인가 할 것을 미리 준비해 놓는다든지 하는 대책이 필요한 것이다.

그렇게 하나씩 준비해 나가면 직장 생활도 더욱 즐거워지게 된다. 자신의 길에 대해서 준비해 나가는 것이 얼마나 행복한지 모른다. 그렇다고 쉽게 회사를 나와서 준비한 것을 실행하지는 못하지만 그래도 자신 스스로에게 위안을 삼으면서 새로운 것들을 시도하는 것을 경험하는 것은 중요한 것이다.

직장 생활을 하면서 다양한 네트워크를 확보하고 자신의 새로운 일에 대해서 준비하고 도전해라. 어느 순간이 되면 분명히 활용할 가치가 생기게 되고 회사에서 위급한 상황이 발생할 때 남보다 뒤처지지 않는 인생이 될 것이다.

미래를 꿈꾸는 자가 행복하다

무작정 고액 연봉을
꿈꾸지 말라

연봉을 높은 사람들의 특징은 다양하지만 몇 가지로 요약된다.

첫째는 성과가 높은 직무를 담당한다. 일반적인 회사 업무보다도 더 큰 리스크를 동반하는 일이 많다. 영업직 같은 경우에는 성과에 대한 인센티브가 높기 때문에 비교적 높은 연봉을 받게 된다.

둘째는 금융이나 성장하는 대기업에 다닌다. 정기적인 성과급을 포함하면 일반 직장인들보다 높은 수준의 급여를 받게 된다.

그러나 연봉이 높다는 것은 그만큼 지속적이지 못하다는 것을 의미한다. 즉 계속 높은 연봉을 받는 사람들은 낳지 않다. 잠깐의 성과로 크게 확대되어 보도되거나 알려진 경우가 많다. 기업에서는 연봉 상한선이 정해져 있기 때문에 개인에 대해서 성과가 높다고 해도 많은 연봉을 제시하기가 어렵다.

연봉을 높게 받으려면 직장이 아닌 전문가가 되는 길밖에는 없다. 직장에서는 세일즈맨이 아닌 이상 고액의 연봉을 받기란 쉽지 않다. 고액 연봉을 꿈꾼다면 지금보다는 더 획기적이고 더 성과를 창출해야만 가능하다. 고액 연봉을 원한다면 그들이 경쟁하는 곳에 진입해야만 한다. 그것은 개인의 경쟁력을 올려서 전문가가 되거나 높은 성과를 창출할 수 있는 영역에 들어가야 한다. 하지만 그 역량이 되기 위해서는 일반 직장 생활과는 많이 다르고 엄청난 리스크를 가지고 있다는 사실을 명심하자.

연봉을 많이 받는다는 것은 그만큼 일의 강도가 높고 오래 지속되지 못한다는 것을 의미한다. 고액 연봉을 창출하기 위해서는 끊임없는 공부와 학습, 훈련이 반복되어야만 가능하다. 그리고 자신이 정말로 잘하는 분야에 투입되어 사업가로서의 경쟁력을 갖추어야만 가능한 일이다.

회사에서는 고액 연봉의 환상을 버리기 바란다. 천천히 자신의 역량을 올리면서 연봉도 차츰 올라가는 것이지, 한 번에 높은 연봉을 받는 사람들은 없다. 직장에서의 연봉 차이는 자신이 얼마나 열심히 도전하고 일을 진취적으로 추진하여 성과를 올리느냐의 차이다. 갑작스럽게 올라간 연봉이 기대 이상의 행복을 가져다주지는 못한다.

회사에서의 연봉은 자신의 가치를 반영한 것이고 불만족스럽더라도 그 연봉을 제공하는 회사 입장에서는 오히려 덜 주고 싶은 맘이 더 강할 수도 있다.

행복을 위해서
회사에 다녀라

회사를 다니면서 가장 행복했던 날이 언제인가? 보너스를 받던 날, 승진 한 날, 결혼한 날, 자녀를 출산한 날 등 개인마다 기억되는 날이 다양할 것이다. 아마도 모두 기억하지 못해서 그렇지 회사를 다니면서 불행보다는 행복이 더 많았을 것이다.

누구든지 불행하려고 일하지는 않는다. 행복하고 더 좋은 삶을 살기 위해서 일한다. 일을 한다는 것은 정말 행복한 것이다. 그런데 회사에서 일하는 모습은 그리 즐겁지가 못한 경우가 많다. 그것은 일 자체를 할 때 일을 왜 하는지에 대한 이유가 분명하게 정의되지 못하기 때문이다. 일이 재미없는 것은 아무 목표의식이 없기 때문이다. 그냥 아침에 출근해서 퇴근하는 모습의 반복은 하루를 즐겁게 만들어 주지 못한다. 그냥 월급을 받기 위해서 회사에 출근하는 모습은 자신에게 어떠한 자극을 줘도 특별한 행복감은 나타나지 않는다.

본인이 왜 회사를 다니는지 생각해 보라. 회사를 다니는 이유를 남들에게 자신 있게 설명할 수 있어야 한다. 만약 설명하지 못한다면 당신은 행복을 추구하기 위해서 회사를 다니는 것이 아닌 것이다. 그저 생계를 유지하고 마땅히 할 것이 없기 때문에 회사에 다니는 존재로밖에는 해석이 안 된다.

나는 회사에 다니더라도 그냥 다니지 말라는 의미를 전달하고 싶다. 그냥 그럭저럭 시간이 지나가도록 회사를 다니면 나중에 정말로 아무것도 할 수 없는 상태가 된다. 행복을 추구하기 위한 목표를 세우고 그 목표에 다가가기 위한 회사 생활을 하라는 의미다.

작은 스트레스에도 견디지 못하는 사람들이 많다. 그것은 자기 스스로가 목표의식이 없이 일 자체에만 국한되어 멀리 보지 못하기 때문에 더 여유가 없는 것이다. 당장 일이 아니면 아무것도 못 한다는 생각에 행복이 점점 줄어들고 있기 때문이다. 행복한 사람들은 스트레스를 덜 받는다. 그리고 일에 있어서도 그만큼 행복을 위한 목표를 설정하기 때문에 더 체계적으로 일하게 된다.

행복을 위한 목표점을 확실하게 정의해 보고 회사 생활에서 즐거움을 찾기 바란다.

직원과 함께하는
회사를 택해라

회사원이 성장하기 위해서는 좋은 회사를 택하는 것이 무엇보다 중요하다. 좋은 밭에서 자라는 과일이 알찬 것처럼 좋은 기업 문화를 가진 곳에서 일하는 것이 회사원에게는 축복이다. 아무리 연봉을 많이 주더라도 일하는 방식의 수준이 떨어지면 그것 또한 좋은 회사라고 볼 수 없다. 일이라는 것은 재미가 있어야 행복함이 다가온다. 자신에게 주어진 일이 재미를 느낄 수 있는 직장을 찾아보는 것이 이름만 앞세우는 곳보다 훨씬 더 가치가 남을 것이다.

기업 규모가 크다고 좋은 회사인가? 절대로 아니다. 대기업에 다니는 사람들을 살펴보면 회사를 종일 씹거나 자신의 신세타령만 하다가 하루를 다 보내기도 한다.

좋은 회사란 좋은 능력의 직원들을 갖춘 회사를 의미한다. 이는 당장 내일이라도 직원이 회사를 퇴직하면 어느 곳에서든지 훌륭하게 능력을 발휘할 수 있다고 직원을 믿어주는 회사를 의미한다. 반면에 직원들의 가치는 인정하지 않고 급여만 준다고 생각하는 회사라면 미래가 뻔히 보이는 회사다.

좋은 회사라는 곳은 직원 개인의 능력을 존중하고 일하는 가치를 인정해 준다. 결과적으로 회사도 직원에게 능력을 인정해 주어야 하고 직원은 그에 맞는 자기 노력을 해서 회사의 수준에 맞는 직장인이 되어야 한다. 한쪽이 불균형적으로 움직이면 결과적으로 좋은 회사가 될 수 없다. 아무리 회사에서 능력이 좋다고 인정해 주더라도 자기 발전을 하지 않는 직원에 대해서는 좋은 회사의 모습을 보여주기가 어렵다. 그래서 회사와 직원은 서로 간에 노력을 하고 인정을 해야만 좋은 기업 문화로 발전되는 것이다.

기억할 것은 그저 그런 회사에서 직장 생활하기보다는 성과를 인정해 주고 보상을 해 주는 제도가 확실하게 구축되어 있는 회사에서 일하는 것이 훨씬 더 매력적이다.

요즘은 취업 자체가 안 되기 때문에 회사를 가릴 수 있는 처지가 아니라고 한다. 하지만 좋은 회사는 꼭 지금 당장 구하라는 것이 아니다. 자신의 노력에 의해서 얼마든지 향후에도 더 좋은 회사에 입사가 가능하기 때문이다. 자신과 맞는 회사는 자기 스스로의 업무 스타일, 적성, 가치관 등 여러 가지 요소를 판단한 후에 정하는 것이 중요하다.

누구든지 한 번에 자신이 원하는 직장을 구하기는 어렵다. 더 좋은 회사를 다니고 싶은 욕망은 누구에게나 존재한다. 하지만 아쉽게도 이직을 하게 되면 대다수의 사람들은 현재 다니는 곳보다 더 안 좋은 회사를 택해서 가게 된다. 그것은 회사가 직원들에게 주는 급여나 복리후생만 판단했기 때문이다. 회사가 주는 가치점이 과연 무엇인지를 더 크게 판단하는 지혜가 필요하다. 과연 이 회사가 열심히 성과를 올리는 사람에 대해서 어떤 가치들을 부여해 주는지 판단해 보면 답이 쉽게 나온다.

내가 받은 가치 있는 선물

회사, 나에게는 꿈과 열정이 숨 쉬도록 만들어 준 좋은 곳이었다. 때론 생계를 유지하게 만들어 주기도 했고, 배움을 통해서 더 큰 꿈을 품도록 도와주기도 했다. 고통과 좌절 속에서도 늘 함께 할 수 있는 사람들을 만나는 곳. 그곳이 나에게는 맘속의 회사로 남아 있다. 물론 좋은 추억이 있었다면 안 좋은 추억들도 많이 있다. 중요한 것은 회사는 나에게 무엇이었고 회사를 통해서 내가 어떤 성장을 해 왔는지를 평가하는 것이다. 회사에서 누구를 만났고 어떤 스트레스를 받았는지는 지금 중요하지 않다.

미련스럽게 지나간 것들을 되짚고 싶지는 않지만 회사가 나에게 준 큰 선물은 과연 무엇인지 새삼 생각나도록 만든다. 회사는 누구에게나 좋은 선물을 해 주었을 것이다. 그 선물이 값싼 것이든 값비싼 것이든 소중한 것이다.

회사를 나가게 될 때쯤 선물을 알 수 있다. 회사를 떠나게 되면 내가 그렇게 싫었던 사람들도 자취를 감춘 채 사라져 있을 것이다. 그렇게도 싫어했던 사람들 때문에 자신은 더 큰 선물을 얻게 되었고 그 오기와 집념으로 회사 생활에서 얻은 기쁨은 더 클 것이다.

악착같이 회사 생활을 한 사람들은 회사를 나갈 때 이루 말할 수 없는 값진 선물을 손에 쥐는 것이다. 쉽게 회사 생활을 한 사람들은 마음이 가볍더라도 얻은 것들이 없을 것이다. 빈 선물 보따리를 펼쳐 보면서 퇴직 후에 회사를 바라보게 될지도 모른다.

회사 생활은 누구나 다 하는 것이고 누구나 다 퇴직을 하게 된다. 그런데 직장 생활 동안에 쉽고 편한 것들만 우겨서 해 왔다면 정말로 자신에게는 남는 것이 없다. 오래 다닌 것은 결코 회사 생활에서 성공했다고 볼 수는 없다. 자신이 얻은 결과물을 평가할 수 있는 것은 자기 자신밖에 없다.

그럭저럭 회사 생활을 하면서 보내는 것은 바람직하지 않다. 지금 하는 일이 지루하고 답답하다고 느낄 만큼 힘들더라도 포기하지 않고 묵묵히 일한 당신의 소중한 경험은 훗날에 멋진 기억을 만들어 줄 것이다.

자신의 존재감을 느낄 수 있는
가치 있는 직장 생활을 한 것이 더 오랫동안 기억에 남는다.

그럭저럭 회사 생활하기엔 아깝지 않은가? 노력한 만큼 당신이 회사를 나갈 때 가져가는 선물이 남들보다 더 소중하기를 바란다.